무기력한 사람을 위한
저속생활법

UTSUBYO DE 20DAI ZENBU TSUNDETA BOKU GA KAIFUKU SURUMADE NI YATTA KOTO

© derasan 2022

Korean translation rights arranged with SANCTUARY PUBLISHING INC. through Japan UNI Agency, Inc., Tokyo and ERIC YANG AGENCY, Seoul

이 책의 한국어판 저작권은 EYA(Eric Yang Agency)를 통해 저작권자와 독점 계약한 세종서적㈜에 있습니다.

저작권법에 의해 한국 내에서 보호를 받는 저작물이므로 무단전재 및 복제를 금합니다.

일러두기

* 일본의 음식명은 고유성을 살리기 위해 우리말로 풀어 쓰지 않고 일본어 명칭으로 표기했습니다.
* 일본 내 음식점 가격, 서비스 비용, 개인의 수입 등과 관련된 금액은 현지화/일반화하지 않고 엔화 그대로 옮겼습니다.

무기력한 사람을 위한
저속생활법

20대 내내 우울증을 앓았던 내가 회복되기까지 했던 일들 50가지

데라상 지음 · 원선미 옮김

죽지도 못한 내가
'동네 사람 A'로 새롭게 살기 시작하면서
조금씩 건강해진 이야기.

시작하며

뜬금없지만, 우울증인 저에게 일상은 대강 이런 느낌이 었습니다.

- 글자를 읽을 수 없다.
- 계속 누워 있었던 기억밖에 없다.
- 당연한 일을 할 수가 없다.
- '뇌에 오류가 났나?'라는 생각이 든다.
- 화장실까지 겨우 기어간다.
- 잠들 수 없다, 또는 온종일 잠만 잔다.
- 먹을 수 없다, 또는 온종일 먹기만 한다.
- 늘 사라지고 싶다고 생각한다.

……기가 막히지 않나요? 이것이 우울증의 기본값입니다. **한번 걸렸다 하면 인생의 난이도가 확 올라가는, 그게 바로 우울증입니다.** 모든 일상생활이 곤란해지고, '평범'한 일을 '평범'하게 할 수 없게 됩니다. 그러니 걸리지 않는 것이 최선입니다.

하지만 누구도 그저 남의 일이라고 할 수만은 없습니다. 저 역시 제가 우울증에 걸리리라고는 상상조차 하지 못했습니다. 학창 시절 마냥 해맑았던 제가 몇 년 후에 우울증에 걸린다고 누가 상상이나 했을까요.

여러분 주변에도 우울증에 걸린 사람이 있지 않나요? 그 사람과 당신은 무엇이 다른가요? 아마도 그렇게 다른 점은 없을 겁니다. 지금의 사회에서 우리는 누구나 우울증 예비 환자라고 할 수 있을지도 모릅니다.

이 책은 **우울증으로 고민하는 사람을 위해, 우울증에 걸린 당사자가 쓴 책입니다. 우울증의 가장 '밑바닥'에서 조금 벗어난 사람이나 지금이라면 되돌릴 가능성이 있는 우울증 예비 환자**가 이 책을 읽는다면, 현재의 상황에서 조금 나아지기 위한 작은 힌트를 얻을 수 있지 않을까 생각합니다.

참고로 **지금 현재 '밑바닥'에 있는 사람이라면 글자를 읽는 것만으로도 피곤해질 테니, 당장 이 책을 덮어 주세요.** 그리고 이불 속으로 들어가서 일단 한잠 잤으면 합니다. 이것도 '밑바닥'을 경험한 저의 조언, 아니 그보다는 부탁입니다.

그건 그렇고, 자기소개가 늦어졌습니다. 저는 데라상, 평범한 프리터(일본에서 비정규직인 아르바이트만으로 생계를 이어가는 사람을 뜻하는 용어-옮긴이)입니다. 올해로 서른이 되었습니다. 책을 쓸 정도면 '뭔가를 이룬 인물'이지 않을까 생각할 수도 있지만, 해낸 거라고는 아무것도 없습니다. 남들과 조금 다른 점이 딱 하나 있다면, **'20대의 대부분이 우울증'**과 함께였다는 것입니다. 제 인생을 간단하게 정리해 보면 다음과 같습니다.

- **The 평범 인생. 뭘 시켜 봐도 내신은 전과목 평균 이하**
- **외야 뜬공을 못 잡는 외야수**
- **22세에 우울증 발병, 현재 9년차**

- 우울증 재발 5회, 지금도 약을 먹고 병원에 다니는 중
- 주 2회 아르바이트로 생활
- 투자 사기에 걸려들어서 약 300만 엔 손실
- 결혼 2년 만에 이혼
- 자살 미수

……어떤가요?

내세울 만한 거라곤 아무것도 없고, 심지어 이런저런 소소한 사고를 치며 살아왔습니다. 이런 제가 자살을 하려다 미수에 그친 건 4년 전. 그때는 우울증의 그야말로 '밑바닥'이었습니다.

거기서 죽지 못한 저는 **'일단 한 번 죽은 거니까, 남은 인생은 '덤'. 인생 2막은 주인공이 아니라 조연인 동네 사람으로 한번 살아 볼까'** 하는 생각을 했고, 그때부터 적당히 살기 시작했습니다. 그랬더니 '어? 인생 2막 의외로 즐겁잖아? 조연도 나쁘지 않은데?'라고 생각할 수 있게 되었습니다.

우울증에서 회복되는 방법에 대한 글을 써서 누적

조회수 200만 뷰를 기록하고, 인터넷상에서 시작한 '우울증 남자친구의 연애 상담'에 많은 상담 의뢰를 받았습니다. 현실은 학창 시절에 머릿속으로 그리던 미래와는 한참 동떨어져 있고, 화려한 삶은커녕 그저 궁상맞기는 해도 '인생, 나쁘지 않을지도'라고 생각하는 일이 조금씩 늘어나고 있습니다.

이 책에는 '우울증이기 때문에 돈을 벌 수 있는 방법!'과 같이 한방에 인생 역전하는 방법 같은 건 실려 있지 않습니다. 기운을 북돋아 줄 수 있는 긍정적인 말도, 의학적인 지식을 기반으로 한 전문적인 조언도 없습니다. 그저 **우울증 당사자인 제가 직접 해 보고 실제로 효과가 있었던 것, 어떻게든 살아남기 위한 궁리**를 모았습니다. 자신의 결함에 대해서는 내려놓고 그래도 잘하는 일을 효율적으로 한다면 어떻게든 살아갈 수 있다는 경험담에 지나지 않습니다.

그래서 지금부터 소개하는 내용은 어디까지나 하나의 예입니다. 저에게 맞는 방법이 누구에게나 효과가 있을 거라고는 생각하지 않습니다. 참고 정도로 편안하게 읽어 주셨으면 합니다. 주인공을 목표로 하지 않아도 됩니다. 조연이라도 괜찮지 않을까요? 주인공의 그늘에 가려 눈에 띄지 않는 동네 사람 A도 무대 한구석에서 의외로 즐겁게 임하고 있을 테니까요.

데라상

CONTENTS

시작하며 06
우울증 탈출 지도 18

1단계 마인드

01 우울증 이전의 나로 돌아가려고 하지 말자 26
'예전의 나'로 돌아가기보다는, '새로운 나'를 만들어 낸다

02 동네 사람 A로 살아간다 31
조연에게도 즐겁게 살 권리는 있다

03 별것없는 인생은 즐겁다 35
자존심과 욕심을 버리고 자연스럽게 산다

04 오늘 죽을지도? 39
언제 죽어도 후회하지 않도록 오늘을 철저히 즐긴다

05 인생은 추억이 된다 43
사람은 언젠가 죽는 법이니까, 그때까지의 시간을 즐겁게 보낸다

06 무리하지 않는 삶 = 소비량 < 회복량 47
에너지 절약 모드로 일일 에너지 소비량을 줄인다

07 타인과의 비교는 가성비가 나쁘다 51
조건이 다르면 비교는 불가능. 타인은 역사 속 인물과 마찬가지다

08 우울은 '노화'에 가깝다 56
'그때로는 돌아갈 수 없다'는 사실을 이해하는 것이 회복으로 가는 첫걸음

09 감정을 컨트롤하지 않는다 60
자신의 감정에 덮개를 씌우지 않고, '감정 미아'에서 벗어나기

10 희로애락을 내려놓는다 65
타인에게 기대하지 않는다. 이 세상에 절대란 없다

2단계 사고

11 아무 생각도 하지 않는 시간을 만든다 72
아무것도 하지 않고 '멍때리는' 무의미한 시간이 휴식이 된다

12 과거와 마주한다 76
인생의 사건들을 되돌아보고, 우울증의 원인을 밝혀낸다

13 나만을 위한 선택을 한다 81
오늘 죽는다면 '누군가를 위해서' 같은 생각은 하지 않는다

14 머릿속에 휴지통 폴더를 만든다 85
괴로운 기억을 덮어쓰기로 저장하고, 패배의 감정과 과거를 정화한다

15 사고를 분산시킨다 89
'생각하지 않으면 안 되는' 문제를 머릿속에 몇 개 정도 넣어 둔다

16 자신의 진폭을 허용한다 93
이상적인 결과에 도달하지 않더라도 '그런 날도 있지' 하고 받아들인다

17 죽음을 단기·중기·장기로 생각한다 98
어차피 죽을 거라면, 기한까지 마음껏 즐긴다

18 마음의 소리를 듣는다는 건 최고의 기술 102
위기에 직면한 마음의 외침을 그냥 넘기지 말고 받아들인다

3단계 생활습관

19 먹고 싶은 것을 먹는다 108
'채소를 먹어야지' 같은 생각은 안 해도 된다

20 밀가루는 먹지 않는다 112
멘탈에 좋지 않은 음식은 느슨한 금지로 멀리한다

21 신경 안 쓰기에 신경 쓰기 117
다른 사람의 시선을 의식하지 않는다. 옷은 '입을 수 있으면 된다'

22 아침 산책 못 하면 어때 121
야행성으로도 충분, 세로토닌보다 중요한 것

23 잠들 수 없다면 깨어 있는다 125
'수면을 컨트롤해야지'라는 생각은 하지 않는다. 자고 싶을 때 자면 된다

24 집 정리는 안 해도 된다 129
집이 지저분해도 살 수 있다. '청소해야 하는데' 하는 초조함을 버린다

25 가장 싼 물건을 고르는 건 그만   134
8만 엔짜리 공기청정기가 삶의 질을 높여 준다

26 늘 배팅 장갑을 가지고 다닌다   139
'하고 싶은 일'을 언제든 할 수 있도록 준비해 둔다

27 무無가 되기 위한 카드를 지닌다   143
'싫은 것을 생각하고 싶지 않을' 때는 근력 운동을 하러 간다

28 '에너지 소모가 적은 가게'를 단골로 정한다   148
미용실이나 마사지숍은 정해 놓고 다닌다

29 '마쓰노야'에서 아침을 먹는다   153
사회 복귀를 위해 외적 자극을 조금씩 늘린다

4단계 인간관계

30 혼잣말을 한다   160
내 안에 있는 답답함을 어쨌든 밖으로 토해 낸다

31 생각한 것을 입으로 뱉는다   165
'편집'하지 않고, 상대가 누구든 같은 톤으로 말한다

32 미움받는 것은 당연한 일   170
미움받지 않으려 하다가, 소중한 한 사람을 놓치게 된다

33 '싫다'고 말하는 연습을 한다   175
필요할 때 말할 수 있도록, 농담으로라도 평소부터 입으로 내뱉어 본다

34 싫어하는 사람을 머릿속에서 쫓아낸다   180
'한가함'은 천적. 고민되는 일 이외에 시간을 할애한다

35 부담되지 않는 연애를 한다   184
'연인이라면 이래야 한다'를 버리자. 편하게 응석 부릴 수 있는 사람이라면 OK

36 본가에 가지 않아도 괜찮다   189
괴로워질 것 같다면 부모님은 만나지 않는다

37 친구는 필요 없다   194
우울증인 사람의 인간관계는 이해타산을 따져도 OK

38 나홀로 반성회를 연다   198
'즉시 되돌아보기'로 머릿속 답답함을 제거한다

39 주 2일 아르바이트로 연명한다   204
강약을 확실히 조절하면서 주 2일 즐겁게 일하는 비결

40 복수의 수입원을 가진다   209
수입원도 인간관계도, 하나에 의존하는 것은 위험하다

41 내가 할 수 있는 범위 내에서 일을 선택한다   213
무리하지 않고 즐겁게 일하기 위한 주 2일 아르바이트 + 물물 교환

42 급 취소할 생각으로 일한다   218
매일의 스케줄은 백지. 모든 건 그날의 나에게 달렸다

43 고맙다는 말을 들으면 돈도 능력치도 쌓인다   223
자신의 경험이 누군가의 고민을 해결한다

44 우울증 경험을 일로 바꾼 사람들의 이야기   228
'우울증 친구' 3인의 사례에서 배우는 '우울증 + 각자의 스킬'

45 일의 우선순위를 생각한다   232
누구라도 할 수 있는 일에 전력을 쏟지 않는다

46 시킨 일만 한다   237
'요청받은 일'만 심플하게 한다

47 쉬는 날에는 일에 대해 생각하지 않는다   241
취미에 몰두해서 머리가 일 생각을 하지 못하게 한다

48 컨디션을 조절하려고 하지 않는다   246
이상하다고 인식하지 않으면 오히려 컨디션을 유지할 수 있다

49 우울증에 걸린 사람이 하면 안 되는 일   250
자신의 '노동량'을 파악해서 스트레스가 적은 직장을 찾는다

50 정보를 얻지 않으려고 노력한다   255
감정을 어지럽히는 정보와는 거리를 둔다

마치며   260

우울증 탈출 지도map

우울증에 걸린 사람의 다수가 '과연 나을 수 있는 걸까' 하는 불안을 안고 있습니다. 경험자인 저도 잘 아는, 목적지가 보이지 않는 어둠 속을 계속해서 걸어가는 듯한 느낌이죠. 그런 불안을 없애고 싶은 마음에 이 책을 집어 든 분도 있을 거라 생각합니다.

그런 분들을 위해 먼저 본문으로 들어가기 전에 알아 두었으면 하는 '우울증 탈출 지도'를 준비했습니다.

결론부터 말하면, **①휴식 기간, ②재활 기간, ③ 사고의 시도 & 오류 기간**, 이 세 가지 중에서 자신이 지금 어디에 있는지를 인식하는 것에서부터 시작하는 게 중요합니다.

① 휴식 기간

- 계속 잠을 잘 수 있을 듯한 느낌이다.
- 중력을 이길 수 없다.
- 전날 활동에 반작용으로 다운된다.
- 부정적인 감정에 사로잡힌다.
- 손발의 떨림 등 눈에 보이는 증상이 있다.
- 감정이 없고 의욕이 생기지 않는다.

이러한 상태가 되면 몸의 피로도는 과열 직전입니다. 자동차에 비유하면 연료 게이지가 한 칸 남은 상태이고, 드래곤 퀘스트(인기 롤플레잉 게임 시리즈-옮긴이)로 말하자면 체력을 나타내는 HP는 빨간색. 이때는 **쉬는 것을 최우선**으로 해야 합니다.

처음 우울증이 발병했을 때, 저는 한 달 정도 계속 누워만 있었습니다. 이불 속에서 '이만큼 쉬었는데도 아직 회복이 안 된 건가. 원래의 생활로는 돌아갈 수 없는 걸까' 하며 괴로운 날들을 보냈습니다. 사람에 따라서는 이 기간이 더 길어질 수도 있고, 일 년도 넘어가는 사람도 있을 거라 생각합니다.

하지만 **몸은 쉬는 만큼 확실히 회복됩니다.** 위에 제시한 항목을 체크해 보면, 갑자기 변화하고 있음을 깨닫게 되는 날이 분명히 있습니다.

반대로 말하면, 그런 날이 올 때까지는 아직 행동할 때가 아니라는 뜻입니다. 일할 수 없는 상태인데도 초조함을 느껴 무리하게 되면 저처럼 재발을 반복할 수밖에 없습니다. 우선은 그냥 아무 생각 없이 쉬어 봅시다.

② 재활 기간

- 주 3일 정도는 활력이 있다.
- 외출하면 다음 날 다운된다.
- 날씨가 좋은 날은 컨디션이 나쁘지 않다.
- 먹고 싶은 음식을 바로 말할 수 있다.
- 놀 때 즐거움을 느낄 수 있다.

휴식 기간에 푹 쉬게 한 몸을 조금씩 현실 세계에 적응시켜 가는 기간입니다.

이해하기 쉽도록 이미지를 떠올려 보면, 최남단인

오키나와에 쭉 살던 사람이 갑자기 최북단인 홋카이도로 이사하는 것과 같은 상황입니다. 갑작스런 환경 변화에 몸이 익숙해지는 데는 시간이 필요하지요. 계속 집에서 누워만 있었기 때문에 체력은 크게 떨어진 상태입니다. 갑자기 외출을 하면 금세 다운되어 버리는 건 어쩔 수 없습니다. 그래서 조금씩 몸을 움직이면서 체력을 만들어 나갈 필요가 있습니다.

하지만 많은 사람이 이 재활 기간에 **실수**를 범합니다. 집에서 컨디션이 좋아졌다 느끼면 '이제 괜찮아'라는 생각에 느닷없이 '8시간 일해야지' 하면서 한 번에 활동량을 늘려 버리고 말지요. 근력 운동을 할 때도 부상을 당하지 않도록 가벼운 무게의 덤벨부터 시작하잖아요. 우울증의 재활도 이와 마찬가지로, 몸이 놀라지 않도록 조금씩 활동량을 늘려 나가는 것이 중요합니다. 부담을 늘릴 때는 지나치게 신중하다 싶은 정도가 좋습니다.

제 경우는 **'심야 5분 산책'**으로 시작했습니다. 산책한 다음 날부터 3일간은 휴식 기간을 가졌습니다. 산책 후의 반작용을 살피면서 조금씩 시간과 거리를 늘려 갔습니다. 이렇게 착실한 작업을 통해 움직임을 지속하기 위해 필요한 체력을 조금씩 되찾고, '이 정도 움직여도 다운되지 않는다'는 자신의 허용량을 파악해 두면, 복직해서도 우울증이 재발할 가능성을 낮출 수 있습니다.

③ 사고의 시도 & 오류 기간

- 외출해도 다운되지 않는 날이 이어진다.
- 감정이 평탄하게 안정되어 있다.
- 재발 방지를 위한 수단을 모색하고 있다.
- 책을 읽고 이해할 수 있다.
- 자신의 감정이나 하고 싶은 말을 표현할 수 있다.

휴식 기간과 재활 기간에는 몸을 중심으로 돌봤다면, 여기서부터는 **'살기 쉬워지는 사고방식'에 대해 모색하는 단계**로 들어갑니다. 사실은 '마인드', '사고'의 정리가 우울증 증상 완화에 필요한 마지막 한 조각입니다.

몸의 컨디션이 좋아지면 '건강해졌으니까 이제 다시 일하자!' 하고 서둘러 일을 시작하기 쉽습니다. 하지만 사고방식이나 일하는 방식이 우울증에 걸리기 전과 달라지지 않은 경우, 회복 이후에 출근 일수나 노동 시간이 이전과 같아질 확률이 높습니다. 그렇게 되면 같은 상황이 다시 반복됩니다. 즉, 우울증의 재발로 이어지는 것입니다.

우울증 회복을 목표로 한다면 삶의 방식의 레벨부터 바꿀 필요가 있습니다. 구체적으로는 자신이 살기 쉬워지는 사고방식을 스스로에게 입력해야 합니다.

제 경우는 '우선 내가 즐겁게 살자'고 생각하면서부터 스스로를 몰아붙이는 일이 없어졌고, 우울증 증상도 점차 사라지게 되었습니다.

새로운 자신의 사고방식을 만든다. 우울증에 걸리기 전의 자신과 달라진다. 지금 자신이 어떤 상태인지를 제대로 파악한 후에 체력을 기르고, 쌓인 피로를 치유하고, 사고방식을 교정하는 것, 이것이 자신을 소모하지 않기 위한 토대가 됩니다.

마음이 초조해지기도 하고 시간도 걸리겠지만, 세 가지 과정으로 이루어진 '탈출 지도'를 가지고 미래를 내다보면서 조금씩 앞으로 나아가 봅시다. 이를 위한 구체적인 단계를 이제부터 소개하겠습니다.

1단계
마인드

01

우울증 이전의 나로
돌아가려고 하지 말자

'예전의 나'로 돌아가기보다는,
'새로운 나'를 만들어 낸다

저는 지금까지 우울증이 다섯 번이나 재발했습니다. '이제 다 나았다'라는 생각에 사회로 복귀하면 얼마 못 가서 '이런, 역시 안 되겠다' 하고 다시 셧다운. '다 나았어. 이제부터 다시 출발이다!' 하고 겨우 예전으로 돌아갈 의지가 생겼다가 뚝 꺾여 버리면, 이보다 더 괴로울 수가 없습니다. 왜 다섯 번이나 우울증이 재발한 걸까요. 그 이유는 **'우울증에 걸리기 전의 나로 돌아가고 싶다'**고 생각했기 때문입니다. 이제 와서 생각해 보면 확실히 알 수 있는데, 이는 명백한 작전 실패입니다.

처음 우울증에 걸린 건 대학을 휴학하고 벤처 회사에서 일할 때였습니다. 지역에서 도쿄로 상경한 후 회사까지 걸어서 40초 걸리는 사택에 살면서 하루 15시간을 근무했습니다. 정확히 말하면 일을 마친 후에도 일종의 자율학습 같은 시간을 만들어서 스스로 온$_{on}$도 오프$_{off}$도 아닌 환경을 만들고 있었습니다. 잠잘 때를 제외하고는 오직 일 생각만 하던 날들이었습니다.

그런데도 성과가 나오지 않으면서 저는 점점 초조해졌습니다. 처음에는 신입인 저에게 친절하게 대해주던 선배들도 언제부턴가 "의욕이 있기는 한 거야?" 하고 질책하기 시작했습니다. 그리고 상사가 "너 때문에 매출이 떨어졌잖아."라며 몰아붙인 일이 방아쇠가 되어 우울증이 발병했습니다.

회사를 그만두고 울면서 도망치듯 고향으로 내려갔습니다. 하지만 걷는 것조차 뜻대로 되지 않는(화장실도 기듯이 겨우겨우 가던) 너덜너덜한 상태로 '분하다, 분해! 하지만 금방 부활할 거야.'라는 생각만을 품고 있었습니다. 말하자면 '정신승리자'로서 이상과 현실의 괴리에 괴로움을 느끼고 있었던 것입니다.

본가에서 2개월 정도 푹 쉬고 상태가 조금 회복되었다고 생각한 저는 전화 영업 아르바이트를 시작했습니다. 빨리 원래대로 돌아가야 한다는 급한 마음에 아르바이트를 주 5일 스케줄로 꽉 채우고 말았습니다. 너무 열심히 하다 보니 우울증은 바로 재발했고, 회사의 경영 악화까지 겹치면서 아르바이트는 잘렸습니다.

이런 식으로 다섯 번이나 재발을 반복한 후에야 겨우 우울증인 제가 생각해야 할 것들이 보이기 시작했습니다. '어떻게 하면 지금의 내가 살기 쉬워질까?' 하는 것입니다. 그날부터 내가 가진 에너지보다 많은 에너지를 소모하지 않는 데만 중점을 두고 지내기 시작했습니다. 그렇게 매일 차곡차곡 쌓아 올린 결과, 우울증에 걸리기 전과 가까운 몸과 새로운 사고방식을 손에 넣을 수 있었습니다.

중요한 것은 **예전의 나로 돌아가는 것이 아니라, 새로운 나를 만들어 가는 데** 있습니다. 예전만큼 공을 빠르게 던지지 못하는 베테랑 투수를 예로 들어 봅시다. 전성기의 투구 위력을 추구하기보다는 투구 스타일에 변화를 줘서 전성기와는 또 다른 빛을 발하는 경우가 있습니다. 나이 든 배우도 마찬가지입니다. 피부과 시술을 통해 주름이나 처진 피부를 '없었던 것처럼 되돌리는' 것보다는, 원숙미 있는 역할을 맡아 그대로의 모습으로 당당하게 활동하는 게 배우로서나 사람으로서나 더 깊이가 느껴지고 아름답게 보일 수 있지 않을까요.

우울증에 걸리기 전의 저는 '더 노력해야만 해.', '성적을 더 올려야 해.', '이렇게 많이 자면 안 돼.'라는 생각으로 상식과 자존심, 책임감과 같은 온갖 것에 매여 있었습니다. 더 이상 그때로 돌아갈 필요도 없고, 돌아가고 싶지도 않습니다. 모든 것에서 해방된 지금은 몸도 가볍고, 마음도 정말 편안한 상태입니다. **쓸데없는 것에 매여 있지 않으니, 지금까지 몰랐던 재미있는 것들이 들어올 여지**가 넘쳐납니다.

 상식, 자존심, 책임감은 버리고, 모든 것으로부터 해방되자.

02

동네 사람 A로 살아간다

조연에게도
즐겁게 살 권리는 있다

세상 모두가 자신이 인생의 주인공입니다. 하지만 그 주인공이 모두 슈퍼스타인 것은 아닙니다. 어렸을 때 야구를 하는 아이들 대부분은 프로야구 선수를 꿈꾸겠지만, 실제로 그렇게 될 수 있는 사람은 극히 적은 숫자입니다. 누구나 아는 대기업에 입사하고 싶어도 거기에는 모집 인원이라는 제약이 있습니다.

우리는 모두 슈퍼스타와 같은 존재를 동경하기 마련입니다. 과연 그렇지 못한 사람은 실패한 것일까요? 그렇지 않습니다. 한정된 인원만이 꿈을 이룰 수 있는 구조에서는 당연히 거기서 밀려 나온 사람이 있을 수밖에 없습니다. 때문에 **'시시해도 나름대로 즐거운 인생으로 만들어 보자.' 하고 스스로 기대치를 낮추고 살 수 있는 마음가짐을 갖기**를 추천합니다.

비유하자면, 마치 **드래곤 퀘스트의 첫 번째 마을에서 등장하는 '동네 사람 A' 같은 존재**입니다. 주인공에게 "이 마을의 북쪽에는 몬스터가 자주 출몰하지요" 같은 말만 반복하는 조연 NPC_{Non-Playable Character}처럼요. 요즘 말로 '진짜 NPC 같다'고 할까요. 주인공의 시선으로 보면 그렇게 인상 깊은 캐릭터는 아닐지 모르지만, 그에게도 즐겁게 살 권리는 있습니다. 주인공만큼 힘이 세거나 화려하지도 않고 누구에게도 주목받지는 못하지만, 동네 사람 A에게는 그 사람 나름의 즐거움이 분명히 있을 것입니다. 그렇게 생각하면 자신의 인생도 모두 긍정적으로 받아들일 수 있습니다.

극히 평범했던 초등학생(살짝 통통한) 시절의 나.

성적은 전과목 평균 이하. 외야 뜬공도 못 잡는 외야수로, 야구부 벤치 신세였던 중학생인 나. 눈에 띄는 건 좋아해서 각종 행사에는 열심히 참가했지만, 좋아하는 아이가 있어도 결실은 맺지 못함. 모든 것이 자신의 기대치보다 낮아서 처음으로 작은 좌절을 경험.

테니스부에서 부주장을 맡았던 고등학교 시절의 나. 고등학교 생활은 나름대로 즐거웠지만, 입시에 실패. 스스로 타협해서 희망하던 곳이 아닌 다른 학부에 진학.

강의 내용에 흥미를 느끼지 못하고, 아르바이트와 게임에만 몰두하던 대학생인 나. 그 후 유학을 통해 의욕을 되찾고 취업 활동을 거쳐 작은 회사에 취직. 그곳에서 필요 이상으로 너무 열심히 하는 바람에 우울증이 발병했고, 회복과 재발을 반복하다 현재에 이름.

어떤가요? 결코 주인공 캐릭터는 아니죠. 하지만 어떤 시절의 저도 이렇게 부분 부분 잘라서 나열해 보면 그리 나쁘지만은 않습니다. 중, 고등학교 시절도 주인공을 목표로 하지만, 그렇게 되지 못해 초조해하는 조연으로서 빛나 보이기까지 합니다. 그러니 **어떤 인생이든 고귀하다**고 생각합니다. 눈에 띄는 대단한 일을 하거나 누구나 납득할 만한 성과를 올려야 한다고 생각할 수 있지만, 정말 중요한 것은 **내 주변에 있는 가까운 누군가에게 도움이 되는 것**입니다.

눈에 보이지 않는 세상 사람들의 칭찬보다는 눈앞에 있는 '소중한 사람'을 위한 가치 있는 일만 하면 된다고 생각하면, 인생이 간단하고 명확해집니다. 그리고 상대방을 행복하게 하면 결과적으로는 자신도 행복해질 수 있습니다. 꼭 슈퍼스타가 되지 않아도 괜찮습니다. 누군가에게 도움이 되는 것이야말로 이야기 속이 아닌 현실을 사는 당신이 지향해야 하는 바입니다.

 모두에게 사랑받는 슈퍼스타가 아닌, 곁에 있는 누군가에게 도움이 되는 사람이 되자.

03

별것없는 인생은 즐겁다

자존심과 욕심을 버리고
자연스럽게 산다

앞에서 '동네 사람 A로 살아가기'를 권유했는데, 동네 사람 A인 저의 '별것없는' 인생에는 행복이 가득 흘러넘칩니다. 예를 들면, 가끔 사먹는 100엔짜리 푸딩에 행복을 느낍니다. 종종 먹는 심야의 규동에 기분이 들뜨고, 트위터 팔로워나 상담 의뢰자에게 듣는 감사의 말에 마음속 깊이 보람을 느낍니다. 때때로 마음 맞는 친구와 이야기 나누는 시간이 소중하고요.

어떤가요? 특별히 아무 일도 일어나지 않았지만 기분이 좋아지고, 감사가 생깁니다. 지금 이대로의 내가 참 행복하다는 생각이 듭니다.

사실 이렇게 될 수 있었던 이유는 우울증을 경험하면서 **'행복 민감도'가 높아졌기 때문**입니다. 다르게 말하면, 대수롭지 않은 일에도 행복을 느낄 수 있게 되었다는 뜻입니다. 저는 우울증 회복을 목표로 하면서 '나는 이래야만 한다.'는 자존심이나 '이렇지 않으면 행복한 게 아니다.'라는 욕심을 모두 버렸(달까, 버릴 수밖에 없었달까)습니다. 하지만 모든 걸 버려서 오히려 행복해질 수 있었어요. 어쩌면 우울증 '덕분'이라고 할 수 있을 만큼 큰 발견이었습니다.

자존심이나 욕심은 인생을 살아가는 데 있어서 '짐'입니다. 자기 자신에게 굴레를 씌워서 몸을 움직일 수 없게 만듭니다. 마치 드래곤 볼의 손오공이 수련을 위해 입었던 무거운 도복과도 같은 것입니다.

  자신을 동여매고 있는 것은 자존심이나 욕심뿐만이 아닙니다. '나보다 나이가 많은 사람에게는 말을 깍듯이 해야 한다.', '부모님께 효도해야 한다.', '장남이니까 돈을 많이 벌어야 한다.'와 같이 세간에서 '당연하게' 여기는 가치관 역시 당신을 무겁게 짓누르고 있지 않나요?

  신경 쓰는 부분이 많으면 많을수록 생각하는 일에 머리를 쓰게 됩니다. 이것저것 생각하다 보면 뇌에 피로가 쌓여 터져 버리고 말 겁니다.

  스마트폰의 데이터 용량이 거의 꽉 차면 작동이 느려지는 것과 마찬가지입니다. 스마트폰이라면 새로운 사진을 찍을 수 없는 정도겠지만, 사람의 뇌는 새로운 일에 도전할 여력이 없어집니다. 그리고 최악의 경우, 평범한 일상생활조차 힘들어질 수도 있습니다.

  무거운 짐을 모두 버리고 그 무엇에도 얽매이지 않는 평탄한 상태가 되면, 소모 에너지를 극단적으로 줄일 수 있습니다. 있는 그대로, 자연스럽게 살면 인생은 극적으로 편해지고 즐거워집니다.

자연스럽게 사는 비법은 **자신을 통제하지 않는 것**입니다. 예를 들어 '피곤하다.', '저 사람과 엮이고 싶지 않다.', '이 일을 그만두고 싶다.'라고 생각하는 건 나쁜 게 아닙니다. 하지만 '이렇게 살면 안 된다.', '모두와 잘 지내야만 한다.', '힘들어도 계속 해야 한다.'라고 자신을 통제하려는 생각은 좋지 않습니다. 아무리 생각해 봐도 답이 없고, 무엇보다도 그것은 자연스럽지 않습니다.

중요한 것은 **자신의 감정을 조작하지 않고, 내 생각을 소중히 여기는 것**입니다. 자존심이나 욕심, 세간의 가치관에 자신을 맞추거나 자기 자신에게 거짓말을 하면 안 됩니다. 자기 생각에 솔직해지다 보면 어느새 대수롭지 않은 일에서도 기쁨을 발견할 수 있는 나에게 득이 되고, 마음 편한 행복 체질로 분명 바뀔 수 있습니다.

 행복의 허들을 낮추고, 작은 일에서도 기쁨을 찾아내자. 그게 이득이다.

04

오늘 죽을지도?

언제 죽어도 후회하지 않도록
오늘을 철저히 즐긴다

인생이라는 게임은 영원히 이어질 것만 같지만, 안심해도 됩니다. 언젠가 제대로 끝이 찾아옵니다.

우울증에 걸리면 이 느낌은 더욱 강해집니다. 저도 우울증의 '밑바닥'에 있었을 때, 끝이 없는 게임에 절망해서 강제 종료를 시험해 본 적이 있습니다.

혼자 사는 데도 돈이 없다, 일해야 하지만 일을 시작하면 금방 또 우울증이 재발한다, 부모님은 "빨리 일 시작해야지."라며 계속 듣기 싫은 잔소리를 한다, 또래의 다른 사람들은 모두 열심히 일하고 있는데 주 2회 아르바이트조차 지속하지 못하는 내가 살 가치가 있나, 나는 사회의 쓰레기다, 그저 짐짝일 뿐이니까 죽는 편이 낫다, 하는 생각뿐이었습니다.

저는 부엌으로 가서 식칼로 스스로 목숨을 끊을 생각이었습니다. 늦은 밤도 아니고 대낮. 전날 특별히 우울할 만한 일이 있었거나 한 것도 아닙니다. 느지막이 일어나 방에서 뒹굴거리다가 갑자기 떠오른 생각입니다. 스물다섯 살 때였습니다.

그런데 말이죠. 죽지 못했습니다.

식칼의 날카로운 칼날을 보고 겁을 먹은 것입니다.

'아플 것 같은데, 무섭다.' 살아가는 게 무리라는 걸 알고 있었음에도 죽을 용기가 없었습니다. 결국 그날은 죽을 수 없었습니다. '그렇게 죽고 싶다고 생각했으면서.' 나조차 웃음이 나와 버렸습니다. '이렇게 절망하고 있으면서도 아픈 건 싫은 거냐?'라면서.

살고 싶지도 않고, 죽고 싶지도 않다.
죽을 수 없지만, 살고 싶은 것도 아니다.
그런 나 자신을 어떻게 하면 좋을지 그날부터 생각해 보기 시작했습니다. '어차피 언젠가 죽는다. 그렇다면 언제 죽어도 후회가 없도록 살아 보자.'는 생각에 이르게 되었습니다. **'오늘 죽는다면' 지금은 이걸 하고 싶어, 이걸 먹고 싶어, 이 사람을 만나고 싶어. 이를 단순하게 반복하는 것**입니다.

우울증 때문에 생각하지 않아도 되는 것까지 머릿속을 맴도는데, 모든 것을 '오늘 죽는다면'이라는 극단적인 가정을 바탕으로 생각하니 쓸데없는 사고를 덜어낼 수 있었습니다.

'오늘 죽는다면'에 익숙해지고 나서는 일주일 단위

로 생각할 수 있게 되었습니다. '일주일 후에 죽는다면, 이런 걸 하고 싶어. 이것에 도전해 보고 싶어.' 그게 익숙해지자 일 년 단위로 생각할 수 있게 되었습니다. 이런 식으로 **죽을 때까지 기간을 연장하면서, 목적지에서 역산하는 방식으로 살기** 시작했습니다.

그렇게 하면서부터 사는 게 무척 편해졌습니다. 사는 데 의미 따위는 필요 없고, 어차피 언젠가 죽는다면 그때까지 힘껏 즐길 뿐입니다. 죽으면 전부 무無가 된다고 생각하면 다른 사람의 평가도 신경 쓰이지 않고, 자기 생각도 말할 수 있습니다.

살아 있는 동안에 여러 가지를 해 보고 싶어졌고, 싫은 일이 있어도 살다 보면 그런 날도 있다고 생각을 전환할 수 있게 되었습니다. 지금 제 인생은 무척 즐겁습니다.

 인생이라는 게임은 언젠가 종료되니까, 목적지로부터 역산해서 즐겁게 산다.

05

인생은 추억이 된다

사람은 언젠가 죽는 법이니까,
그때까지의 시간을 즐겁게 보낸다

사람은 언젠가 반드시 죽습니다. 그러니 이왕이면 즐겁게 지내는 게 좋지 않을까요. 그러기 위해서는 **'즐거운 사고방식'**을 갖는 편이 절대적으로 유리합니다. 이는 매우 단순한 발상입니다.

그렇게 생각하면 실패담도 추억이 됩니다. 뭔가 호된 실패를 했다고 해도, 먼 훗날 언젠가 '그때 이런 실패를 했었잖아.' 하고 추억하는 모습을 상상해 본다면 분명 어떻게든 헤쳐 나갈 수 있습니다. 그러면 반대로 성공했을 때도 너무 들뜨지 않고, '지금은 잘되고 있는 것 같네.' 하고 객관적으로 받아들일 수 있게 됩니다. 즉 **다른 사람의 평가에 휩쓸리지 않고 자신의 기준으로 살아가는** 것입니다. 이렇게 되면 성공에 대한 집착도 사라집니다. 성공도 실패도 모두 즐길 수 있는, 득이 되는 사고방식입니다.

과거의 저는 성공해야 한다는 생각이 특히 강했던 것 같습니다. 고등학교 시절에는 선발 라인업에 들지 못하는 게 싫어서 팀 스포츠를 피해서 테니스부에 들어갔습니다. 대학 수험생이었을 때는 집을 떠나 독립하고 싶다는 일념으로 공부를 매일 9시간씩이나 했습니다. 수학을 비롯해 이과 과목을 좋아해서 다른 지역의 국·공립대학 공학부를 희망했지만 실패했고, 재수는 싫어서 인터넷으로 원서 제출이 가능했던 지역의 대학에 문과로 간신히 들어갔습니다. 하지만 강의 내용에 흥미를 느끼지 못해 일찌감치 이탈하고 맙니다. 낮에는 아르바이트하고 밤에는 게임, 다음날에 늦잠을 자서 학교에 지각하는 전형적인 글러 먹은 학생이었습니다.

그 후 유학 생활을 거치면서 '열정러'로 대변신. 무작정 취업 활동에 매달렸고 휴학하면서까지 취업을 준비했습니다. 그렇게 들어간 회사에서는 경험이 풍부한 선배들에게 빨리 인정받기 위해 실수하지 않으려고 긴장된 나날을 보냈습니다. 그리고 5개월 만에 우울증이 발병했습니다.

좋아하는 팀 스포츠(중학교 시절 야구부에서 후보 선수였습니다)를 고등학교에서도 했으면 좋았을 테고(테니스부는 테니스부대로 즐겁기는 했지만), 대학도 스스로 만족할 수 있는 학부를 목표로 끝까지 도전했으면 좋았을 텐데.

다른 사람들이 나더러 도망쳤다고 생각해도 좋으니 우울증에 걸리기 전에 회사를 그만뒀으면 좋았을 텐데. 주변의 시선을 두려워한 나머지 하게 된 선택이 오히려 스스로 목을 조르는 결과가 되었습니다.

이렇게 말하면 괜히 걱정스러울 수도 있지만, 안심해도 됩니다. 이런 에피소드들 역시 이제는 웃을 수 있는 실패로 이렇게 여러분에게 밝게 이야기할 수 있을 만큼 승화했습니다.

과거의 저처럼 인생을 '반드시' 어때야 한다고 생각하며 사는 사람이 많은 것 같습니다. 하지만 인생에 '반드시'란 없습니다. 게임처럼 100퍼센트 일어나는 사건이나 무조건 통하는 기술 같은 건 없습니다. 그렇다면 불확실한 요소가 많은 이 사회를 **즐기는 자세**로 살아가는 것이 수지타산에 맞습니다. 실패해도 괜찮아. 성공하면 럭키 정도의 마음이랄까요.

누구든 결국 죽으면 무無가 됩니다. 그러니 현재 상황을 있는 그대로 받아들이고, 살고 싶은 대로 사는 편이 이득입니다.

 인생에 '반드시'는 없다. 실패해도 좋고 성공하면 럭키.

06

무리하지 않는 삶
= 소비량 < 회복량

에너지 절약 모드로
일일 에너지 소비량을 줄인다

우울증을 마음의 질병으로 여기는 경향이 있지만, 저는 **뇌에 피로와 손상이 축적되는 것**과 비슷하지 않을까 생각합니다. 구체적으로는 **스트레스, 피로, 긴장 상태가 일정한 용량을 넘어 버려 뇌의 기능이 떨어지게 되는 것**입니다. 사람에 따라 견딜 수 있는 그릇의 크기에는 차이가 있지만, 허용 가능한 수치를 넘어서면 자기 자신을 몰아붙이거나 매사에 부정적으로 생각하게 됩니다. 그리고 우울증으로 이어지는 것입니다.

우울증은 '뇌가 파손되고, 펑크가 난 것'이라는 게 우울증 당사자인 제가 내린 정의입니다. 반대로 말하면, 피로를 축적하지 않고 재충전할 수 있으면 괜찮습니다. 우울증에 걸리지 않는 사람은 재충전에 능숙하거나, 내려놓기를 잘하거나, 열중할 수 있는 취미가 있을 거라는 생각이 듭니다. 그렇게 해서 뇌를 기분 좋게 쉴 수 있게 하는 것입니다. 노래방이나 온천, 사우나도 좋습니다. 일 외에 무언가 자신을 즐겁게 하는 활동을 하면 뇌의 손상은 회복될 수 있습니다.

이를 근거로 하면 우울증 회복을 위한 사고방식은 딱 두 가지입니다. **'뇌의 손상 회복하기'**와 **'뇌를 지치게**

하지 않기'. 요컨대 **회복의 양을 늘리고, 피로의 양은 줄이면** 됩니다. 예를 들면 빌린 돈을 갚는 것과 마찬가지인데, 100만 엔의 부채를 줄이기 위해 할 수 있는 일이라면 수입을 늘리거나 지출을 줄이거나 둘 중 하나입니다. 이론적으로 봤을 때, 피로의 양보다 회복의 양이 많으면 우울증이 완전히 낫는다고까지는 할 수 없어도 좋아질 수는 있습니다. 제가 좋아진 것도 이 방정식을 계속 지키려 하고 있기 때문입니다.

우울증에 걸리는 사람의 에너지 수입과 지출에 대해 한번 생각해 볼까요. 우울증인 사람의 경우 하루에 회복하는 에너지가 100이라면 소비하는 에너지는 1만 정도입니다. 단 하루에 마음의 부채가 9900이나 발생하니 늘 적자일 수밖에 없습니다.

이 에너지의 수입과 지출은 사람에 따라 달라집니다. 예를 들어 체력이 좋은 사람은 하루에 회복 에너지가 2000, 소비 에너지는 1000 정도로 떠올려 볼 수 있습니다. 매일 잉여 에너지가 많이 남으니 다른 사람에게도 더 힘을 내라고 말해 버리지요.

일반인이라면 하루에 회복 에너지가 300, 소비 에

너지는 1000 정도가 아닐까 생각합니다. 토요일과 일요일 이틀간 쉬면서 평일에 하루하루 쌓인 마이너스를 주말에 갚아 나갑니다.

우울증인 사람에게 제가 추천하는 것은 **하루에 회복 에너지 100, 소비 에너지 70인 모델**입니다. 에너지 절약 모드라고 할까요. 하루에 쓸 수 있는 에너지가 적다는 걸 알고, 소비하는 에너지도 줄이는 것입니다.

즉 하루에 소비하는 에너지를 절감하는 것이 우울증 회복을 위한 가장 큰 포인트입니다. 왜냐하면 소비 에너지 쪽의 비율이 압도적으로 크기 때문입니다. 이렇게 할 수 있으면 확실히 한결 편해집니다. 이런 식으로 에너지를 절약하기 위한 습관이나 방법을 익혀 두면, 사회에 복귀했을 때 우울증의 재발 확률도 낮아집니다.

일단은 머리를 쓰지 않고 에너지를 절약하는 것을 최우선으로 합시다. 할 수 없는 일은 안 해도 괜찮고, 자책하지 않아도 됩니다. 무리는 절대 금지입니다.

피로보다 회복의 비중이 커지도록 '소모하지 않는 것'을 최우선으로.

07

타인과의 비교는 가성비가 나쁘다

**조건이 다르면 비교는 불가능.
타인은 역사 속 인물과 마찬가지다**

SNS 전성시대인 지금, 의식하지 않으려고 해도 다른 사람의 활동이 자꾸 눈에 들어오고, 그러고 싶지 않아도 자신과 비교하게 됩니다. 그 결과 '나 같은 건 형편없어.'라고 느끼는 순간도 자연스럽게 늘어났습니다.

애초에 사람과 사람을 정확하게 비교하는 것이 가능할까요? 비교를 하려면 '기준'이 필요합니다. 예를 들어 100미터를 달리는 데 누가 가장 빠른가, 시험에서 누가 가장 점수가 높은가, 누가 가장 키가 큰가, 하는 식으로 많은 경우 어떠한 규정을 기준으로 비교가 이루어집니다.

하지만 이러한 비교의 기준은 불충분합니다. 100미터 달리기의 기록을 비교한다고 했을 때, 5세 어린이보다 20세 성인 쪽이 당연히 빠릅니다. 20세 성인 둘을 비교한다고 하더라도 만약 한쪽이 다리를 다친 상태라면? 한쪽이 올림픽 대표 선수였다면? 이렇게 무언가를 비교할 때는 모든 '조건'이 동일하지 않으면 올바른 비교가 불가능합니다.

그렇게 생각하면 다른 사람과 비교해서 좋을 게 없습니다. 학창 시절을 떠올려 보면 공부를 하나도 안 했다고 하고선 시험에서 좋은 점수를 내는 사람이 꼭 있었죠. 실은 공부를 엄청나게 했을지 모르고, 효율적으로 시험 준비를 했을지도 모릅니다. 어쩌면 진짜 천재인지도 모르고요. 하지만 '정말 나보다 시험공부를 안 한 건가?'라고 올바른 비교를 하기 위한 정보가 부족하니 진상은 알 수 없습니다. 즉, 생각해 봐도 소용없다는 말입니다.

애초에 올바른 비교가 불가능하고, 비교하기 위한 정보의 진위 여부를 알 수 없다는 점에서 생각하면, **다른 사람과 비교하는 행위는 가성비가 몹시 나쁩니다.** 얻을 게 아무것도 없을 뿐만 아니라 기분도 다운되는, 최악의 소용돌이입니다.

이 함정에 빠지지 않기 위한 저만의 방법은 타인을 '정보'로서 취급하는 것입니다. 역사 속의 인물을 떠올리면 쉽습니다.

예를 들어 '나는 오다 노부나가織田信長(일본 전국시대의 무장-옮긴이)와 비교하면 형편없으니까 나가 죽어야지' 하고 생각하는 사람은 없겠죠. 그 이유는 살던 시대부터 시작해 모든 조건이 다 다르기 때문입니다. 하지만 오다 노부나가의 인생에서 배울 점은 있으니 객관적인 데이터로서 받아 들이는 것은 가능합니다. 이러한 방식을 역사상의 인물뿐만 아니라 모든 사람에게 적용하는 것입니다.

예전의 저는 'A가 결혼했습니다'라는 트위터 게시물을 보면, '리얼충(일, 연애 등 리얼(현실) 생활에 충실한 사람을 뜻하는 인터넷 속어-옮긴이) 폭발해 버려!' 또는 '나도 행복해지고 싶다!' 하는 식으로 초조해하거나 부러운 감정이 튀어나와 버리거나 했습니다. 하지만 지금은 이런 식의 흐름으로 생각하고 있습니다.

1. A와 나를 비교할 수 없다.
2. 자라온 환경도, 성격도, 만난 사람의 수도 다르다.
3. 비교해도 의미는 없다.
4. A가 결혼할 수 있었던 요인은 뭘까.
5. 그걸 알면 내가 결혼할 수 있는 확률이 올라갈지도 몰라.

이런 식으로 생각하기 시작하면서 에너지 소모가

확 줄어들었습니다. 더불어 타인의 인생에서 힌트를 얻을 수 있게 되었습니다. 성공 데이터를 차곡차곡 모아 참고서 페이지를 늘려 가는 느낌입니다.

자신에게 플러스가 되는 부분만 오려서 스크랩하고, 마이너스가 되는 정보는 버려도 괜찮습니다. 보는 관점을 바꾸는 것만으로도 타인의 인생을 질투나 초조함의 대상으로 삼는 마이너스 감정을 내 인생에 도움을 주는 참고서로 바꿀 수 있습니다.

'타인의 자랑 & 불행 이야기'는 언젠가 활용할 수 있는 살아 있는 참고서.

08

우울은 '노화'에 가깝다

**'그때로는 돌아갈 수 없다'는 사실을
이해하는 것이 회복으로 가는 첫걸음**

우울증을 겪는 사람들의 이야기를 들을 기회가 많은데, 가장 많이 듣게 되는 것이 **감정 조절이 잘 안 된다는** 고민입니다. 침울한 기분, 갑갑함, 초조함을 억누를 수가 없다는 이야기입니다.

　　우울증에 걸리면 '예전의 나에 비해 형편없다, 되돌아갈 수 없다.'는 생각이 가장 먼저 듭니다. 이런 생각, 무언가와 닮지 않았나요? 그렇습니다. 나이 든 노인이 늘어놓는 신세한탄입니다.

　　저는 우울증은 그야말로 '노화'에 가까운 것이라고 생각합니다. 쉽게 피곤해지고, 머리가 돌아가지 않는 등 **우울증의 증상은 나이를 먹는 것과 정말 닮았습니다.** 그 시간의 속도가 다른 사람보다도 엄청나게 빨라서 마치 타임워프해 버린 것 같은 느낌 역시 노인과 마찬가지이지 않을까 싶습니다.

　　우울증은 노화와 비슷하게 일을 할 수 없게 되고 경제적으로도 힘들어집니다. 하지만 우울증인 사람은 노인과는 다르게 아직도 인생이 한참 더 남아 있지요. 노인이라면 받을 수 있는 연금도 없습니다. 돈의 유무는 삶과 직결되기 때문에 절망의 정도는 엄청납니다.

마치 하늘에서 누군가가 '오늘부터 두 다리가 아니라 한 다리로 걸으세요! 하지만 인생은 앞으로도 계속될 거니까요!' 하고 말하는 듯한 느낌입니다. 스스로 제대로 이해가 안 되는 것은 물론이고, 주변 사람들 역시 마찬가지겠지요. 하지만 **누구나 노화를 당연하게 받아들이듯 우울증에 대해서도 서서히 받아들이면 됩니다.**

70대인 사람이 '아, 10대 때로 돌아가고 싶다. 그때가 좋았다.'라고 이야기한다고 해도, 어떻게 할 방법은 없습니다. 만약 10대 때와 같은 강도와 패턴으로 러닝을 계속한다면 대참사가 일어나겠죠. 우울증을 겪는 사람도 마찬가지입니다. 처음에는 원래의 직장, 원래의 수입, 원래의 생활로 돌아가려고 생각합니다. 하지만 그것은 제 경험이나 우울증을 겪는 주변 사람들을 봐도, 일단 어렵습니다. 제 경우는 **절대로 예전의 나로는 되돌아갈 수 없다고 마음 깊이 받아들이니 금세 회복**되었습니다.

노인의 경우도 젊은 사람을 상대로 과거의 영광을 내세우는 사람보다는, '늙음'을 받아들이고 가족이나 친구들과 하루하루 신나게 즐기는 사람 쪽이 훨씬 매력적으로 보입니다.

'하지만 주 5일의 정규직으로 일하지 않으면 생활이 안 된다, 처자식을 먹여 살릴 수 없다'며 상담해 오는 사람도 있습니다. 우울증에 걸리기 전에 일하던 방식이 생활의 기본값이 되어 있기 때문이겠죠. 저는 현재 처자식이 없기 때문에 실제로는 어떨지 잘 모르겠지만, ①**당분간은 가족 부양의 책임에서 벗어난다** 또는 ②**헤어진다**의 두 가지 선택지밖에 없다고 생각합니다.

 우울증은 약한 모습을 보여서가 아니라, 약한 모습을 보일 수 없었기 때문에 걸리는 병입니다. '가족을 위해서'라는 생각이 일을 하는 데 중요한 연료가 된다고는 생각하지만, 자신의 감정을 봉인하고 무리하는 것이 대부분 좋은 결과로는 연결되지 않습니다. 나이 든 할아버지, 할머니에게 무리하게 일을 시키지는 않잖아요.

 우울증을 노화와 마찬가지로 받아들이는 개념이 널리 퍼져서 우울증 당사자도 주변 사람들도 살기 쉬운 세상이 되었으면 하는 바람입니다.

 즐거워 보이는 노인이 있듯이, 우울증인 사람이 즐거워 보여도 된다.

09

감정을 컨트롤하지 않는다

**자신의 감정에 덮개를 씌우지 않고,
'감정 미아'에서 벗어나기**

우울증을 겪는 사람들로부터 감정을 컨트롤하기 어렵다는 고민을 자주 듣습니다. 저의 대답은 **감정은 컨트롤해야 하는 게 아니**라는 것입니다.

저는 사람에게는 **'감정을 느끼는 자신'과 '행동하는 자신'**이 있다고 생각합니다. 화가 났을 때 '이런 일로 화를 내는 건 이상해.'라고 생각하면 **감정과 행동은 제각각이 되어 버립니다.** 우울증인 사람의 대다수가 이런 상태입니다. 투수는 직구를 던지고 싶은데 포수가 계속 변화구를 요구하는 것처럼 죽이 잘 맞지 않는 느낌입니다.

저는 만약 직장에서 짜증이 나는 상황이라면 "저 지금 짜증이 나서, 잠깐 혼자 있다 오겠습니다."라고 말하고 그 자리에서 벗어납니다. 솟아오른 감정에 거짓말하지 않는 연습을 거듭해서 드디어 몸에 익히게 된 대처법입니다.

늘 기분 좋아 보이는 사람은 동경의 대상이 되지만, 무리하게 그걸 목표로 할 필요는 없습니다. 주변으로부터 '기분 좋은 사람'으로 여겨지는 것보다는 **자기 자신의 기분을 다스릴 수 있는 확실한 대책을 가지고 있는 것이 더 중요합니다.** 제 경우는 짜증이 나면 그 자리를 벗어납니다.

애초에 우울증을 겪는 사람은 '감정의 미아' 상태입니다. 저도 제 감정을 잘 몰라서 제 의사와는 상관없이 '주변에서 이렇게 하길 원하는 게 아닐까?' 하는 기준으로 일했고, 심하게 소모되어 갔습니다.

'짜증이 나는 건 내 그릇이 작기 때문이야.' '지쳤다는 말은 절대로 하면 안 돼.' '푸념 같은 거 하려면 아직 멀었어.'와 같은 생각의 연속이었습니다. 인간이기 때문에 짜증 나는 일이 있는 게 당연한데. 지쳤으면 지쳤다고 해도 되고, 얼마든지 푸념해도 괜찮았을 텐데 '이런 건 절대 하면 안 돼.'라는 제 안의 또 다른 목소리가 감정을 억눌러 버린 것입니다. 그 결과 진짜 감정을 알 수 없게 되었습니다.

'감정의 미아' 상태에서 벗어나기 위해서는 감정을 컨트롤하지 않고 솟아오른 감정 그대로 행동해야 합니다. 하지만 아무리 감정을 컨트롤하지 않아야 한다고는 해도, 민폐를 끼칠 상대방을 선택하는 것은 중요한 부분입니다.

　감정은 화장실에서 하는 배설과 마찬가지여서 **참지 않되 쏟아 낼 장소를 틀리지 않는** 것이 중요합니다. 이는 반드시 명심해야 할 기본 중의 기본이라고 할 수 있습니다.

　예를 들어 남자친구에 대한 답답함은 남자친구에게 말하지 않고 친구에게 말한다, 직장에서의 고민은 직장에서 말하지 않고 노래방에 가서 소리친다, 하는 식입니다. 전문가를 찾아가 돈을 내고 이야기를 들어달라고 해도 좋겠지요. 병원이나 심리 상담 센터도 있고, 제가 상담을 제공하는 〈코코나라〉(개인이 지식이나 기술을 거래할 수 있는 온라인 플랫폼-옮긴이) 같은 서비스도 있습니다.

　그리고 솟아오른 감정에 대한 '대처'도 중요합니다.

　저의 경험상 우울증을 겪는 사람의 절반 이상이 같은 스트레스를 계속 안고 갑니다. 예를 들어 우울증의 원인이 상사의 직장 내 괴롭힘이라는 걸 알면서도 그 환경을 바꾸지 못하는 사람이 있습니다. 같은 장소에서 부정적인 생각만 계속 하다 보면 우울증에 걸릴 수밖에 없습니다.

내가 싫어하는 상사가 내일부터 갑자기 좋아지는 일 같은 건 99% 일어나지 않습니다. '참고 견디면 언젠가 나아지겠지'라는 식의 근성에 기대는 태도는 실질적인 해결책이 되지 않습니다. 상사를 싫어하는 문제라면 부서를 바꾼다, 그만둔다, 마주치지 않는 방법을 궁리한다, 하는 방법이 있을 것이고, 가족과의 생활이 스트레스라면 의식적으로 혼자만의 시간을 만들어 볼 수 있겠죠. 조금이라도 환경을 바꿔 보는 방법밖에 없습니다.

 감정은 배설과 마찬가지. 적절하게 쏟아 내고, 구체적으로 대처하자.

10

희로애락을 내려놓는다

타인에게 기대하지 않는다.
이 세상에 절대란 없다

앞에서 감정을 컨트롤하지 않는다는 이야기를 했는데, **'어떻게 감정이 흔들리지 않게 할까?'**에 대해서도 신경 쓰고 있습니다.

최근 화가 났던 기억은 1년도 더 된 일입니다. 전 아내와 이혼할 당시 아내가 헤어지고 싶지 않다며 울기에 "내 기분은 생각해 본 적 있어?" 하고 말이 세게 나와 버렸던 게 아마 마지막이었던 것 같습니다.

사람이 화를 내는 패턴은 **'지쳐있을 때'**, **'배가 고플 때'**, **'상대방에게 기대한 행동이 나오지 않을 때'** 이 세 가지 중 하나입니다. 그중에서 세 번째는 자기 자신을 바꾸는 방법을 통해 화내지 않는 방향으로 끌고 갈 수 있습니다.

예를 들어 편의점에서 음식을 사고 젓가락을 넣어주지 않았다고 화를 내는 사람이 있는데, 이 때는 50번 중 한 번은 들어 있지 않은 경우도 있다는 식으로 생각해 버리는 것입니다. 평소 절대란 없다고 생각해 두면 점원에 대해 화가 끓어오를 일도 없습니다.

요컨대 **기대하지 않는** 거죠. 저는 만나기로 한 약속을 상대방이 갑자기 취소해도 아무렇지도 않습니다. '이 사람은 이런 사람이고', '내가 늦을 때도 있고' 정도로 끝납니다.

이미지로 보면 **자기 안에 '기대하지 않는다'는 이름의 소각로를 짓고, 그곳에서 쓰레기를 태우는** 느낌입니다. 많은 사람이 '타는 쓰레기 = 화나는 감정'을 소각하지 않고 계속 모아두기 때문에 쓰레기가 넘쳐서 어지럽혀지는 것입니다. 이 '기대하지 않는다'를 우울증에 걸리고 나서부터 시험해 봤더니 꽤 편해졌습니다. 기대하지 않으면 감정의 오르내림에 휘둘릴 일이 없습니다.

화뿐만 아니라 감정 전반에 걸쳐 흔들리는 범위를 줄이는 데 있어 중요한 것이 **단점도 세트로 생각하기**입니다. 예를 들어 라면을 먹고 싶다면 '맛있다'와 '살찐다'는 세트가 됩니다. 살이 찌더라도 먹고 싶으니까 먹겠다, 처음부터 이렇게 생각해 두면 후회로 기분이 다운될 일은 없습니다.

감정이 크게 움직이면 그 반동으로 다운되는 경우가 있습니다. 한동안 비가 계속되다가 날이 맑아지면 텐션이 확 올라가고 컨디션도 좋게 느껴질 수 있지만, 그렇다고 해서 계획을 잔뜩 세우는 건 좋지 않습니다. 생각지 못한 피로가 뒤늦게 찾아와서 후회하는 건 우울증을 겪는 사람 대다수가 경험하고 있으리라 생각합니다.

인간미는 좀 없을 수도 있지만, 우울증의 회복기에 있거나 우울증 예비 환자인 사람이라면 기분의 파동이 작은 편이 좋습니다. 어떻게 해도 발산하고 싶을 때는 할 수 있는 대처를 미리 해 둡시다. 저는 제 눈물 버튼인 애니메이션 영화를 볼 때는 몸과 마음의 컨디션이 모두 망가질 거라는 예측이 가능하기 때문에, 다음 날 일정을 가볍게 해 둡니다.

이러한 행동의 근거가 되는 것은 내가 '감독'이 되어 나 자신을 하늘에서 내려다보고 있는 듯한 감각입니다. 야구 감독이라면 '이기려면 어떻게 해야 할까?'를 생각하겠지만, 데라 감독은 늘 **'편하게 살기 위해서는 어떻게 하면 좋을까?' 하는 생각을 바탕으로 지휘**합니다.

전철로 이미지를 떠올려 보면, 개찰구에서 가까운 계단 쪽 열차 칸은 타기는 편해도 붐비기 쉽다는 단점이 있습니다. 제 경우는 전철 안에서 편하게 있고 싶기 때문에 귀찮더라도 맨 앞칸까지 이동하는 쪽을 택합니다. '어떻게 지치지 않을까'에 대해 철저하게 생각하면서 그때그때 상황에 맞는 자신의 행동을 결정하는 것입니다. 감정은 흔들리지 않는 편이 좋다는 것도 데라 감독의 전략 중 하나입니다.

 상승과 하락을 회피해야 하니, 감정의 파동은 작게 해 두자.

2단계
사고

11

아무 생각도 하지 않는
시간을 만든다

**아무것도 하지 않고
'멍때리는' 무의미한 시간이 휴식이 된다**

우울증을 겪는 사람 대부분은 초조함을 느낍니다. 뭔가 의미 있는 걸 해야 한다고, 회복을 위해서는 더 생산적인 일을 해야만 한다고 생각하죠. 과거의 저도 그랬습니다. '햇볕을 쬐어 세로토닌을 생성하면 좋다'는 말을 들으면 아침에 산책을 하려고 노력했습니다(하지 못하는 날이 대부분이었지만요).

그리고 저는 너무 초조하고 마음이 급했던 나머지, 우울증에서 회복되자마자 주 5일 스케줄의 아르바이트를 시작했습니다. 한창 정규직으로 일하던 때에 비하면 훨씬 편한 거라고 생각했던 거죠. 하지만 그건 큰 착각이었습니다. 우울증은 바로 재발했고, 그 후에도 '회복→일을 시작한다→재발→일을 그만둔다'의 사이클을 몇 번이나 반복하고 말았습니다.

사실 우울증 회복이 목표라면 **'무엇을 할까'보다 '무엇을 하지 않을까'가 더 중요**합니다. 지금까지 소속되어 있던 사회에서 중요시되던 '의미'와 '생산성'은 일단 옆으로 밀어 둡시다. 당신은 이미 노력하는 중이니까요. 표면적으로 드러나는 어떤 행동을 하지는 못한다고 해도, 이렇게 책을 읽으며 정보를 얻고 실천하려 하고 있습니다.

그것만으로도 넘치도록 칭찬받아 마땅합니다.

그런 당신에게 부족한 부분은 단언컨대 바로 '휴식'입니다. 아무것도 하지 않고 멍때리는 것. 풀 가동하던 뇌를 멈춰 세우는 것. 이거야말로 우울증에서 벗어나는 데 크게 관련되어 있습니다. 이미 몇 번이나 자기 자신에게 상처를 줬던 우울증을 겪는 사람에게는 아무것도 생각하지 않는 것만으로도 충분한 '휴식'이 됩니다.

진정으로 해야 할 일은 그저 '아무것도 생각하지 않는 시간'을 보내는 것뿐입니다. 더 정확히 말하면, 생각은 해도 되지만 부정적인 것을 떠올리거나 같은 생각을 반복하는 것은 좋지 않습니다.

말은 이렇게 해도 '아무것도 생각하지 않기'는 의외로 어렵습니다. 그래서 하나의 힌트로 제가 실천해 온 방법을 소개합니다.

- **미친 듯이 춤을 춘다.**
- **끝없이 숫자를 센다.**
- **그저 화면을 반복적으로 두드리기만 하는 스마트폰 앱을 다운받는다.**

- 라디오 DJ 스타일로 계속 혼잣말을 한다.
- 테트리스와 같은 단순한 게임을 한다.

어떤가요? '아무것도 생각하지 않는' 시간을 보내는 방법에 대한 이미지가 조금 그려지나요? 누가 보면 좀 이상한 모습일지도 모르지만 괜찮습니다. 아무도 안 보니까요. 참고로 텔레비전을 계속 켜 두는 건 추천하지 않습니다. 그냥 무심히 보고 있을 생각이었더라도, 들어오는 정보의 양이 지나치게 많아서 자신도 모르는 사이에 '의미'에 쫓기기 쉽거든요.

아무튼 무의미한 일로 시간을 보냅시다. 이른바 '시간 때우기'라고 할 수 있습니다. 여유가 있으면 쓸데없는 생각을 하기 마련이니, 그 시간을 무의미한 행위로 빈틈없이 채워 버려서 사고가 좋지 못한 쪽으로 향하는 걸 방지하는 것입니다. 그러면 마음은 휴식을 취할 수 있고, 자책으로 상처를 입는 계기도 줄일 수 있습니다.

'아무것도 하지 않는' 시간 보내기로 자책을 줄이자.

12

과거와 마주한다

인생의 사건들을 되돌아보고,
우울증의 원인을 밝혀낸다

여러분은 지금까지 살아오면서 학교, 동아리, 대학 입시, 연애, 취업 활동까지 다양한 일들을 경험해 왔을 겁니다. 가끔 과거의 한 장면이 떠오르면서 '그때, 그렇게 했더라면······' 하고 멍하니 생각에 빠지지는 않나요?

실은 이러한 **'과거로의 여행'은 우울증 회복에 매우 효과적**입니다. 과거로 여행하는 시간이 길면 길수록 그것은 '자기분석'이 되고, 더 나아가 **'우울증에 걸린 원인' 을 밝혀내는** 실마리가 되기도 합니다.

저는 이 '과거로의 여행'을 4년에 걸쳐 20바퀴(!) 돌았습니다. 매번 처음 떠오르는 기억은 고등학교 시절 테니스부의 마지막 대회입니다. '이런 작전을 펼쳐서 졌지만, 이런 훈련을 했다면 이기지 않았을까'와 같은 생각을 합니다.

반대로 잘 풀렸을 때의 일도 되돌아봅니다. 의욕적으로 취업 준비를 하던 대학 시절을 떠올리며 '적극적, 활동적으로 임해서 잘된 게 아닐까?' 하는 생각도 하고, 반면에 '주변에서는 분명 정신 승리자로 봤겠지.' 하는 생각도 하고, 단점에 대해서도 생각합니다.

좋았던 시절을 중심으로 타임워프해도 좋지만, 주로 '우울증에 걸리기 전'에 중점을 두고 과거로 날아가 봅시다. 그리고 **여러 번 반복하는 것이 중요**합니다. 한두 번 했을 때는 답이 같을지도 모르지만, 서너 번 반복하는 사이에 다른 답이 나오는 경우도 있습니다.

저의 경우 '왜 우울증에 걸렸을까?'에 대한 첫 번째 여행의 답은 **내가 나약했기 때문**이었습니다. 하지만 생각을 거듭하다 보니 다른 대답도 찾을 수 있게 되었습니다. 지금의 답은 이렇습니다. **함께 일하던 직원 다섯 명 모두 나보다 나이가 많다 보니, 혼자만 어렸던 나는 정신적으로 지쳐 버렸다.**

저는 우울증에 걸렸을 때의 결정적인 장면을 떠올려 보면서 이런 부분은 좋았고, 이런 부분은 좋지 않았다고 분석합니다. 그러면서 모든 일에는 양면이 있다는 사실을 깨닫고, '어떻게 하면 우울증에 걸리지 않았을까'를 시뮬레이션 해 봅니다. '지금의 나라면 어떻게 행동할까' 또는 '하지 않을까'를 생각하는 것도 우울증 회복에 효과적입니다.

참고로 제가 이 작업을 시작하게 된 건 정말 우연이었습니다. 파친코에서 무료함을 느껴 멍하게 '그러고 보면 그때……' 하고 생각하기 시작한 것이 계기였습니다. 과거와 마주한다는 건 아픔이 따르는 작업이었지만, 파친코 게임을 하면서 했기에 계속 이어갈 수 있었습니다.

그리고 2년 정도 꾸준히 하던 어느 날, 갑자기 제 안에서 '다음에 이런 상황이 있으면, 이렇게 행동해야지.' 하는 기준이 생겼습니다. 그러자 파친코보다 블로그에 글을 쓰거나 사람을 만나는 게 즐겁게 느껴지기 시작했고, 생활은 점점 바뀌어 갔습니다(파친코는 졸업했습니다).

만약 '과거를 하나부터 열까지 노트에 적어 본다' 같은 스타일로 과거를 돌아 보았다면 길게 이어가지는 못했을 겁니다. 우울증인 사람에게는 일단 책상에 앉아서 노트를 펼칠 의욕을 갖기가 어렵습니다. 파친코 게임을 하면서 머릿속으로는 멍하니 생각하는 과정을 통해 내 몸속 깊은 곳으로 떨어질 때까지 사고를 깊숙이 파고들 수 있어서 좋았습니다.

모두가 20바퀴는 해야 한다고 말하지는 않겠습니

다. 우선은 반 바퀴, 그리고 인생의 갈림길이 된 큰 사건만이라도 좋으니 한번 되돌아봤으면 합니다. 지나온 과거는 미래의 나에게 분명 가장 좋은 교과서가 될 것이기 때문입니다.

 인생의 갈림길에 회복의 힌트가 있다. 스스로 납득될 때까지 계속 생각해 보자.

13

나만을 위한
선택을 한다

**오늘 죽는다면 '누군가를 위해서' 같은
생각은 하지 않는다**

우울증에 걸리는 사람의 다수는 가족, 친구, 연인, 은인과 같은 존재를 자신보다 더 소중하게 여기거나 특별하게 대하는 경향이 있습니다. 주변 사람들을 지나치게 배려하는 것입니다.

자신 외의 사람을 자신과 같은 정도로 생각한다는 것은 그만큼 에너지를 쓴다는 뜻입니다. 단순하게 말하면, 지치기 쉽고 소모되기도 쉽습니다. 게다가 소중하게 여기고 싶은 사람의 수가 많으면 많을수록 그 정도는 점점 심해집니다.

이는 어떤 의미에서는 사고의 패턴이기 때문에 좀처럼 고치기가 쉽지 않습니다. 그래서 훈련이 필요합니다. 반드시 단련해야 하는 방향성에 대해 가감 없이 이야기하자면, '다른 사람은 생각하지 마'라는 말밖에는 할 수 없습니다. 그러면 '소중한 사람을 모른 척하라는 말인가!' 하고 악플이 쇄도할 것 같으니 다시 한번 정확히 말하겠습니다. **다른 사람을 생각하는 시간을 줄여야 합니다.**

그러기 위해서는 **'나의 득실만 생각해서 행동한다.'** 는 태도로 생각하기를 권합니다. 다른 사람 생각은 하지 말고, 자신의 마음의 소리에만 충실해지는 것입니다.

그게 힘든 사람은 이렇게 한번 생각해 보세요.

극단적으로 '내가 오늘 죽는다면 어떻게 할까?'라고 생각해 보는 겁니다. 100% 죽는다는 사실을 알고 있다면 '누군가를 위해서' 같은 생각은 하지 않을 것이 분명합니다. 싫어하는 사람과의 대화 따위에 시간을 쓰기는 아깝고 '오래 살기 위해서'라며 건강에 신경 쓸 일도 없습니다. 만나고 싶은 사람을 만나고, 가고 싶은 곳에 가고, 먹고 싶은 것을 먹는 등 죽기 전에 하고 싶은 걸 실컷 하고 나서 때를 맞이하려고 하지 않을까요?

먼저 매일 먹는 **식사 메뉴 선택부터 시작**해 보는 것을 추천합니다. '그 사람이 맛있다고 했으니까', '몸에 좋다고들 하니까', '반값 할인 스티커가 붙어 있었으니까' 같은 건 일절 생각하지 마세요. 자기 자신에게 '오늘 죽는다면 지금 뭘 먹고 싶어?'라고 물어보고, 그때 정말로 먹고 싶은 메뉴를 선택하는 훈련을 하는 겁니다.

저도 우울증이 한창 심했을 때는 음식을 먹어도 맛이 잘 느껴지지 않아서 누가 뭘 먹고 싶은지 물어봐도 대답할 수 없었습니다. 먹고 싶은 것조차 알 수 없다는 건 자신의 기분이나 감정도 볼 수 없게 된 위험한 상태입니다. 그래서 먹고 싶은 음식을 바로 말할 수 있을 정도의 편안한 상태를 유지하기 위해 머릿속에 그냥 먹고 싶다고 떠오른 것을 먹었습니다. 처음에는 어둠 속에 있는 듯한 느낌이었어요. 하지만 계속 하다 보니 '오늘 느낌은 이거였는데, 좀 아니었나?' '역시 이게 먹고 싶었어!' 같은 생각을 하게 되고, 조금씩 빛이 비치기 시작하는 느낌이 들었습니다. 내가 먹고 싶은 것을 먹는다는 심플한 행동만으로도 욕구에 솔직해지고 무뎌진 감각이 조금씩 살아납니다. 자연스러운 삶의 첫걸음입니다.

이것은 식사 메뉴에만 한정되지 않습니다. 오늘 죽는다는 가정을 바탕으로 **내가 온전히 기뻐할 선택**을 해 봅시다. 처음에는 위화감이 들지도 모르지만, 익숙해지면 분명 놀랄 만큼 체력 소모량이 줄어들면서 회복 속도도 빨라질 것입니다. 저 역시 지금도 이런 식의 사고를 지속하면서 좋은 컨디션을 유지하고 있습니다.

남을 생각하는 시간을 줄이고, 나의 욕구에 솔직해지자.

14

머릿속에
휴지통 폴더를 만든다

괴로운 기억을 덮어쓰기로 저장하고,
패배의 감정과 과거를 정화한다

잊고 싶은 기억이나 괴로운 기억, 슬픈 기억. 살아 있는 한 누구나 이러한 기억들을 품고 있겠죠. '한숨 푹 자면 잊힐 거야' 하는 사람이 있는가 하면, 십수 년도 더 된 일을 마치 어제 일어난 일처럼 이러쿵저러쿵 계속 이야기하는 사람도 있습니다. 이제는 저도 '한숨 푹 자면 잊힐 거야' 타입이 되었으니 다행이지만, 안타깝게도 그렇지 못한 사람도 있습니다. 그래서 제가 의식적으로 실행하고 있는 방법을 공유하려고 합니다.

바로 머릿속에 컴퓨터나 스마트폰에 있는 **'휴지통 폴더'** 또는 **'나중에 삭제되는 폴더'**를 상상으로 만드는 것입니다. 마이너스의 감정이 수반되는 기억은 의식적으로 모두 그 안에 집어넣도록 하고 있습니다. 이 폴더 안에는 자신에게 필요 없는 감정이나 인생을 즐기는 데 있어 불필요한 요소들이 가득 차 있습니다.

요리할 때 굳이 상한 재료를 가지고 음식을 만드는 사람은 없잖아요. 마찬가지로 즐겁지 않은 감정이나 과거에 일어난 일을 굳이 꺼내서 맛볼 필요는 없습니다. 상해 버린 식재료와 마찬가지로 머릿속 휴지통 폴더에 넣어서 폐기 처분 취급하면 됩니다.

하지만 때로는 분명 휴지통 폴더에 넣었다고 생각한 감정에 의도치 않게 지배되어 버리는 경우도 있습니다. 그러면 짜증이 나기도 하고, 슬프거나 이런 감정에 동요되기도 합니다. 인간은 부정적인 감정에 무척 민감한 동물이기 때문에 우리 몸의 센서는 이러한 이상을 바로 파악해서 뇌에 보고합니다. 이런 식으로 새로운 '즐겁게 살아가는 데 있어 불필요한 것'이 너무도 쉽게 폭발적으로 늘어나게 됩니다.

그래서 저는 괴로웠던 경험, 엮이고 싶지 않은 사람, 가고 싶지 않은 장소 등에도 '휴지통 폴더' 태그를 붙이고 있습니다. 그리고 이런 것들에 조금이라도 스쳐 센서가 반응하려고 하면, 즉시 잊는다는 사고 패턴을 만들어 스스로에게 지시합니다.

구체적인 루틴은 다음과 같습니다.

- 맛있는 음식을 먹는다.
- 취미에 몰두한다.
- 무심한 대화를 즐긴다.
- 함께 있으면 즐거운 사람을 만난다.

이렇게 하면 부정적인 감정에 지배되는 상황을 막을 수 있습니다. 그뿐만 아니라 기분도 좋아져서 괴로웠던 감정을 좋은 기억으로 새롭게 덮어쓸 수 있습니다.

이런 식의 행동을 반복하면 휴지통에 있는 감정이나 과거는 즐거운 기억으로 점점 덮인 채로 보존되면서 정화되어 갑니다.

괴로웠던 감정을 잊고 과거로부터 자유로워지면 앞으로는 즐거운 일만 추구할 수 있게 됩니다. 즉 머릿속의 정리 정돈은 당신이 즐거운 일만 가득한 인생 제2장의 막을 열 수 있도록 이끌어 줄 것입니다.

괴로웠던 감정을 떠나보내는 것은 생각보다 꽤 어려운 일입니다. 그러니 우선은 머릿속 휴지통 폴더에 넣어 두고, 그 내용물 위에 긍정적인 감정을 의식적으로 덮어 쓰도록 합시다.

괴로운 기억을 건드려 버렸다면, '즐거운 기분'으로 덮자.

15

사고를 분산시킨다

'생각하지 않으면 안 되는' 문제를 머릿속에 몇 개 정도 넣어 둔다

최근 반려견을 키우기 시작했습니다. 지인인 브리더에게 5만 엔에 분양받았는데, 너무 귀여워서 매일 부비부비하고 있습니다. 라떼라는 이름의 믹스견입니다. 하지만 힘든 점도 많습니다. 꼭 반려견이 아니더라도 동물과 함께 생활해 본 경험이 있는 분이라면 잘 알겠지만, 우선 움직임을 예측할 수가 없습니다. 냄새도 꽤 나고 집도 지저분해집니다. 밥도 챙겨줘야 하니 제 사정대로만 움직일 수가 없게 되었습니다.

사실 이렇게 반려견에 대해 생각하는 시간이 강제적으로 발생하는 건 우울증의 관점에서 보면 매우 좋습니다. 예전 기억을 떠올려 보면, 햄스터를 키웠을 때도 컨디션이 좋아진 적이 있습니다. **'반려동물 돌보기'라는 문제가 머릿속에서 일정한 비중을 차지하게 되면서 다른 걱정거리의 비중은 줄어드는 것**입니다.

우울증이 심했을 때의 뇌 구조는 대체로 일(또는 돈)과 미래, 두 가지뿐인데 이렇게 계속 같은 생각만 하는 건 좋지 않습니다. 근력 운동의 경우 한 가지 근육만 단련하는 것이 아니라, 상반신과 하반신을 번갈아 운동하면서 몸 전체를 키워 가죠. 머릿속도 하나의 주제에 매달리지 않고 여러 주제로 시선을 돌릴 수 있게 되면 사고는 명확해집니다.

지금도 아르바이트를 하면서 스트레스를 받을 때가 있습니다. 하지만 꼭 일이 아니더라도 살면서 이렇게나 다양한 사람을 만나게 되는 만큼, 싫은 사람과 상대해야 하는 것도 어쩔 수 없는 거라 생각하게 되었습니다.

'부모 뽑기', '상사 뽑기'라는 표현이 있는데요, 말하자면 '인간 뽑기' 같은 게 아닐까요. 아니, 오히려 산다는 것 자체가 뽑기인지도 모르겠습니다.

뒤에서 다시 자세히 이야기하겠지만, 최근 제 트위터 계정이 정지되는 일을 겪었습니다. 트위터를 통해 저를 알게 된 분도 많을 텐데요. 제가 우울증에서 회복될 수 있었던 사고방식을 트위터에 공유해 왔고, 주저리주저리 떠든 이야기에 대해 많은 반응을 얻기도 했습니다. 그런 반응을 보며 기쁘기도 했고 안 좋은 소리에 괴롭기도 했습니다. 다른 곳에서 얻을 수 없는 많은 경험을 할 수 있었습니다. 보람도 느꼈고 진심을 다했기에, 갑자기 계정이 정지되면서 매일의 습관이 사라져 가슴에 뻥 하고 구멍이 뚫린 듯한 기분이었습니다. 한편으로는 머릿속에

빈 공간이 생기면서 정신적으로 편해진 것도 사실입니다. 시간적인 여유와 함께 생각의 여백이 생긴 것이 반려견을 키우겠다는 결심으로 이어졌습니다. 이렇듯 살다 보면 일정한 불행은 반드시 일어나는 법이고 막을 수도 없기 때문에, 하나의 불행한 사건에 집착해서 일희일비하는 건 쓸데없는 일입니다. 그럴 시간이 있으면 저는 라떼와 더 놀고 싶습니다. 실제로 라떼와 놀면서 사고를 분산시키다 보니 어느새 트위터 건에서 벗어나 다시 일어설 수 있었습니다(그 나름의 시간은 걸렸지만요). 지금은 다음 단계로 나아가야 할 때라고 생각하고 있습니다.

당신도 '라떼' 같은 존재를 꼭 발견하길 바랍니다. 취미도 좋고 연인도 좋습니다. 저에게는 해당 사항이 없어서 잘은 모르지만, 아이가 있다면 생각해야 할 것도 많겠지요. 괴로운 일이나 싫어하는 상사, 미래에 대한 불안은 머릿속 한구석으로 몰아내고, 당신에게 있어 소중한 존재나 즐거운 일에 생각과 시간을 할애해 주세요.

 늘 고민하는 주제를 넘어서는 '소중한' 그리고 '대단한' 존재를 발견하자.

16

자신의 진폭을 허용한다

이상적인 결과에 도달하지 않더라도
'그런 날도 있지' 하고 받아들인다

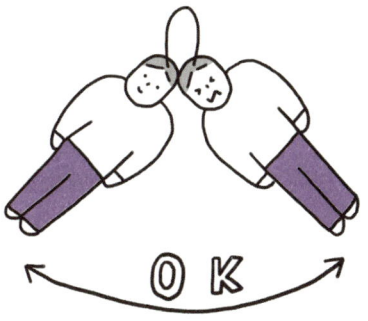

우울증을 겪는 사람 중에는 완벽주의자가 많다고들 합니다. 자신이 생각하는 이상이 있어서 그대로 되지 않으면 자책해 버립니다. 모든 일은 이상적이라고 할 수 있는 '최고선'과 망했다고 생각하며 침울해지는 '최저선' 사이에 존재합니다. 하루 중 벌어지는 일들도 그렇고 1년, 10년, 그야말로 인생이라고 할 수 있는 긴 기간에 있어서도 마찬가지입니다.

그런 일들을 매번 좋고 나쁨으로 구분하는 흑백 논리는 스스로를 궁지에 몰아넣는 원흉입니다. '안타를 치고 싶다'고 아무리 생각한들, 그 대단한 이치로(메이저리그에서 대활약한 일본의 전 프로 야구 선수-옮긴이)조차 잘해야 3할 정도 밖에 치지 못합니다. 10할을 친다는 건 당연히 무리입니다.

잘되지 않았을 때는 '그런 날도 있지', 잘 되었다면 '어쩌다 행운', 좋지도 나쁘지도 않았다면 '그럭저럭 괜찮았어'. **이런 식으로 '최고'와 '최저' 사이의 간격을 허용하고 이를 즐길 수 있으면** 인생도 꽤 편해지지 않을까 생각합니다. 늘 '최고'만을 목표로 하는 사람을 보면 분명 절제력도 있고 매력적으로 보이기도 합니다. 그런 사람 중에서 사회적으로 성공하는 사람도 많겠죠. 하지만 못난 사람이어도 괜찮습니다. 실패해도 그다지 침울해하지 않고, 어쩌다 한 번 잘되면 마음껏 기뻐하는 것, 정말 이득이라는 생각이 들지 않나요?

2022년 여름 일본 전국 고교야구 선수권대회는 미야기현의 센다이이쿠에이고등학교가 우승, 도호쿠 지방 최초로 우승기를 가지고 가게 되면서 화제가 되었죠. 이 팀은 풍부한 투수진을 갖추고 있어서 게임에서 이기고 올라갈 때마다 정교한 투수 교체 전략이 눈길을 끌었습니다.

그리고 하나같이 재능 있는 선수들로 구성된 투수진의 컨디션을 한 사람 한 사람 철저히 체크해서, 감독이 지시를 내릴 때 옆에서 조언을 한 사람이 바로 시합에는 나오지 않는 불펜 투수였다고 합니다. 겉으로 드러나는 활약을 하지는 않았지만 그야말로 팀에서 빼놓을 수 없는 퍼즐의 한 조각, 우승을 이룬 주역의 한 사람이라고 할 수 있습니다.

강팀에 들어간다고 해도 주전이 되는 선수는 극소

수입니다. 하지만 주전 선수가 되지 못했다고 끝은 아닙니다. **바라던 이상과는 다른 형태더라도 팀을 위해 역할을 하는 건 충분히 가능**합니다.

원래 예전 고교야구에서는 확실한 에이스가 경기 초반부터 마지막까지 혼자서 다 던지는 것이 일반적이었습니다. 하지만 이번에 센다이이쿠에이고등학교는 상대 학교의 특징이나 선수의 준비 상태에 맞춰 투수를 나눠서 기용했습니다. 소수의 에이스에 의지하는 것이 아니라 여러 선수의 개성을 차곡차곡 포개어 올려 승리를 손에 넣었지요. 지금 시대에 걸맞은 팀이 아닐까 생각합니다.

누구나 어렸을 때는 에이스를 목표로 하기 마련입니다. 순진하게도 만화의 주인공 같은 존재가 될 수 있다고 굳게 믿죠. 그 순수함이 아이의 좋은 점이기도 하지만, 성인이 되어서도 그런 생각을 계속 놓지 못하면 순수함은 어느새 자신에 대한 속박으로 바뀝니다. '왜 이렇게 될 수 없을까?', '어째서 잘되지 않는 걸까?' 하고 마음속에 그린 '주인공'과 비교해서 자신을 비하하는 건 이제 그만둡시다.

앞에서 이야기했듯이 주인공이 아니라 조연인 '동네 사람 A'면 됩니다. 리더십을 발휘하거나 마을을 구하거나 하는 일은 할 수 없겠지만, 내 주변에 있는 누군가에게 도움이 되는 걸로 충분합니다. 승리 투수 외에도 팀에는 반짝반짝 빛나는 선수가 많이 있습니다.

'잘되지 않는' 것이 일반 모드, '잘되는' 건 어쩌다 한 번.

17

죽음을 단기·중기·장기로 생각한다

어차피 죽을 거라면,
기한까지 마음껏 즐긴다

우선, 일주일 동안

앞서 '오늘 죽을지도?' 항에서도 조금 다뤘던 '죽음'에 대해 조금 더 깊게 파고들어 생각해 보려고 합니다.

저는 스물다섯 살 때, 자살을 생각한 적이 있습니다. 스스로 목숨을 끊기 위해 부엌으로 가서 칼을 손에 쥐었지만, '아플 것 같은데'라는 생각이 들어 실행에 옮기지 못했습니다. 그날부터 저의 인생 2장이 시작되었다는 이야기는 앞에서도 했는데요. 늘 스스로에게 '오늘 죽는다면 어떻게 할까?'라는 궁극의 선택을 하게 함으로써 **'내가 즐거운 것'만을 선택**할 수 있게 되었습니다.

그래서 만약 지금 죽고 싶을 정도로 괴로워하는 사람이 있다면, 먼저 '살지, 죽을지'를 결정했으면 합니다. 살고 싶으면 살고, 죽고 싶으면 죽으면 됩니다. 그리고 만약 죽는 것을 선택했다면 기한을 정합시다. 일주일 후에 죽기로 정했다면 그때까지는 온 마음을 다해 즐기고, 기한이 되면 바이바이. 하지만 그렇게 '나만을 위한 일주일'을 보내고 나면, '아직은 나를 위해 살고 싶다'고 생각하게 될 것이 분명합니다. **'나를 위해 산다'는 건 그만큼 즐거운 일이기 때문입니다.**

우울증에 걸리는 사람의 다수는 이러한 '자신을 위

해 살기'에 서툽니다. 저 역시 그랬습니다. 주변 사람들의 표정을 살피면서 내가 하고 싶었던 선택지가 아닌 다른 쪽을 선택해 버립니다. 이를 반복하다 보면 언젠가 '진짜 자신'을 잃어버려서 꿈이나 목표는 물론, 매일매일 먹고 싶은 것조차도 알 수 없게 됩니다.

그러니 죽기 전에 먼저 기한을 정해서 오로지 자신만을 위해 살아 보세요. 저는 '어차피 죽을 거면 돈이나 한번 제대로 쓰고 나서 죽자'라고 생각해서 여기에는 적지 못할 정도로 고삐 풀린 망아지처럼 써댔습니다.(웃음)

그 기한이 지나고 '아직은 나를 위해 살고 싶다'는 생각이 조금이라도 강해졌다면 뜻밖의 횡재입니다. 어쨌든 죽는 건 일단 보류하고 기한을 연장합니다. 3개월, 1년, 하는 식으로 조금씩 연장해 갑시다. **이제 막 즐거워지기 시작한 '나를 위한 인생'을 더욱더 있는 힘껏 즐기는 겁니다.** 저도 그런 식으로 일주일, 3개월, 1년, 하면서 기한이 점점 늘어나게 되었고 문득 정신을 차려 보니 5년이 지나 있었습니다. 이렇게 생각하면서부터는 우울증 증상이 순식간에 좋아졌습니다.

지금은 죽을 때까지의 기한을 정해 두지 않아도 자

연스럽게 나를 위한 선택을 할 수 있게 되었습니다. 그리고 '장래에는 이런 걸 해 보고 싶다'와 같이 인생을 장기적인 비전으로 생각할 수 있게 되었지요. '일주일 후에 죽는다'고 생각하던 때의 저로서는 상상도 못 할 일이었습니다.

'지금, 죽고 싶다'고 생각하는 사람에게 일 년 후, 10년 후의 일을 생각해 보라고 하면 그건 무리겠지요. 우선은 일주일이라도 좋으니, 죽기 전에 마음껏 살아 봤으면 합니다. 그렇게 할 수 있었다면 3개월, 1년까지 연장해 봅니다.

이렇게 **죽음을 단기, 중기, 장기의 단위로 생각해 보면 지금 자신이 하고 싶어 하는 일이 저절로 보이기 시작합니다.** 그리고 흘러넘치는 감정에 솔직하게 답하다 보면 결과적으로는 죽음과 멀리 떨어진 곳에 도착해 있을 것이 분명합니다.

 우선은 일주일, 하고 싶은 일을 다 해 본다.

18

마음의 소리를 듣는다는 건 최고의 기술

**위기에 직면한 마음의 외침을
그냥 넘기지 말고 받아들인다**

인간의 몸은 위험을 감지하면 알려 주게 되어 있습니다. 예를 들어 넘어져서 다치면 그 부위에 통증을 느낍니다. 아픈 이유는 세균 때문일 수도 있고, 몸이 약해진 상태임을 알려 주기 위해서일 수도 있습니다. 즉 이상이 있기 때문에 통증이 발생하는 것입니다. 마음 역시 마찬가지입니다. 스트레스를 받거나 마음에 이상이 생기면 그 영향으로 몸에도 증상이 나타납니다.

피로가 풀리지 않거나 아침에 일어나기가 힘들다거나 왠지 우울해지는 등 마음의 위험 사인이 있어도, 나약해졌다거나 게을러졌다고 생각하며 그냥 지나치는 경우가 많습니다. 넘어져서 피가 나면 '괜찮아?'라며 달려 올 사람도 마음의 출혈에 대해서는 위태로운 상태가 될 때까지는 봐도 모른척합니다. 상사나 동료뿐만 아니라 가족, 그리고 자기 자신조차도 몸이 주는 사인을 나약할 뿐이라고 생각해 버립니다. 저도 그런 사람 중 하나였습니다. 피곤한 상태인데도 불구하고 '더 힘낼 수 있어.' '여기서 포기하고 싶지는 않아.'라며 무리한 결과, 우울증에 걸리고 말았습니다.

몸의 이상 센서를 감지하는 것, 그리고 몸에서 보내는 사인을 믿고 그에 따라 행동하는 것은 매우 중요합니다. 이가 아프면 치과에 가잖아요. 통증을 방치하면 돌이킬 수 없는 지경에 이르게 됩니다.

몸이 다쳤을 때는 또 어떤가요? 넘어져서 피가 나면 지혈을 합니다. 통증이 나아지지 않는 경우라면 뼈가 부러졌을지도 모르니까 정형외과에 갑니다. 이렇게 알기 쉬운 통증이나 외상이 있는 경우에는 자신도 타인도 납득하기 때문에 병원에 갈 수 있습니다. 하지만 마음이나 정신에는 물리적인 통증이나 외상이 없습니다.

마음의 통증은 자신만이 알 수 있습니다. 그렇기에 더더욱 **스스로 몸의 이상 센서를 감지하는 능력, 즉 '마음의 소리를 듣는 기술'이 중요**합니다.

센서가 파손되어 있어 반응하지 않는 사람이 많은 것 같습니다. 마음이 '아파!(= 지쳤어, 더는 무리야.)' 하고 이상을 보여도 그냥 패스하거나 또는 통증을 감지해도 '그럴 리 없어.' '아직은 힘낼 수 있어.' 하고 아무런 대처 없이 계속 나아가는 경우도 많이 봅니다. 그 결과가 어떨지는 제 사례를 보면 확실히 알 수 있겠죠.

'마음의 소리를 듣는 기술'은 요즘 같은 세상에서 공부나 일을 잘하는 것보다도 훨씬 중요한 기술입니다. 왜냐하면 아무리 돈을 잘 버는 사람이라도 자신이 지쳐있음을 알아채지 못한다면 어느 날 갑자기 돈 버느라 바쁘게만 보내온 날들의 끝이 찾아올지도 모릅니다. 우울증에 걸리는 데 그치지 않고 최악의 경우 죽음을 맞이할 가능성까지 있습니다.

 그리고 이 기술은 학교나 회사의 신입 연수에서는 배울 수 없습니다. 그저 계속 열심히 하기만 하는 인간을 만들어 내는 편이 사회적으로는 이득이기 때문입니다. 자신을 지키려면 스스로 이 기술을 익힐 수밖에 없습니다.

 마음의 소리에 귀를 기울이고 마음이 보내는 신호를 알아채야 합니다. 그리고 지금 당장 먹고 싶은 것을 먹고, 하고 싶은 것을 하는 등 자신의 작은 바람을 이뤄주세요. 우울증으로부터 자신을 지키는 데 빼놓을 수 없는 능력입니다.

몸이 다쳤을 때와 마찬가지로, 마음이 힘들다면 자신을 돌보자.

3단계
생활습관

19

먹고 싶은 것을 먹는다

'채소를 먹어야지' 같은 생각은
안 해도 된다

'나만을 위한 선택을 한다' 항에서 이야기했듯이, 저는 먹고 싶은 것을 먹는 습관을 중요하게 여깁니다. 이는 자연스럽게 살아가기 위해 빼놓을 수 없는 스텝이기 때문입니다.

그렇기는 해도 건강식에 대한 고집은 전혀 없습니다. 배고프다는 생각이 들면 자주 이용하는 '마이 바스켓'(편의점과 슈퍼의 중간 정도 크기의 도시형 소형 슈퍼마켓)으로 가서, 거기서 도시락이든 주먹밥이든 그 날의 내가 먹고 싶은 걸 딱 사 와서 먹는 게 거의 매일의 루틴입니다. 가격이나 제철 같은 건 생각하지 않고, 어쨌든 **먹고 싶다는 나의 욕구가 가장 중요**합니다.

참고로 가게에서는 뭘 고를지 고민이 되더라도 **'3초 이내에 결정한다'**가 스스로 정한 룰입니다. 슈퍼마켓에서 최고의 양배추를 찾기 위해 신중하게 품질을 비교하는 사람을 자주 보곤 하는데, 그 사람은 아마 양배추 외에도 선택하는 일에 뇌의 한 부분을 사용하고 있겠죠. 저에게는 무리입니다.

양배추 같은 건 먹을 수만 있으면 되니까 상태가 최악인 것만 고르지 않으면 된다든지 **실수해도 괜찮다 정**

도의 생각으로 골라서 뇌가 지치지 않도록 하고 있습니다. 그 부담 없는 수준의 기준으로 '3초 룰'을 만들어 둔 것입니다.

기분에 따라서는 외식을 하는 경우도 있습니다. 다양한 음식점에 도전해 보는 것도 싫지는 않지만, '요시노야'(일본 최대의 규동 프랜차이즈-옮긴이)에서 규동(아주 가끔은 부타동)을 먹는 게 가장 마음 편합니다.

요리는 그렇게 좋아하는 편이 아니라서 안 합니다. 직접 요리를 해 먹는 편이 싸게 먹힌다는 건 물론 알고 있지만, 설거지의 고단함과 비교하면 매 끼니 '마이 바스켓'에서 사다 먹는 편이 훨씬 이득입니다.

거듭 이야기하지만, 저는 그저 **'지금 이걸 먹고 싶다'는 자신의 심플한 욕구를 따를 뿐**입니다. 이런 식으로 하루하루 자신의 기분에 응답하다 보면, 쌀과 고기만 먹게 될지도 모릅니다. 하지만 그건 그거대로 괜찮다고 생각합니다. 채소도 먹어야 한다든지, 쌀만 먹어서 당분 섭취가 많지 않을까 하는 생각은 일절 하지 않습니다. 쌀과 고기만 계속 먹다 보면 어느 날 문득 깔끔한 음식이 먹고 싶어질 것이기 때문입니다. 인간의 몸이라는 건 참 신기

해서 자연과 균형을 맞춰 주는 것 같다는 생각입니다. 그럼 그날은 샐러드를 선택해서 먹습니다. 이른바 역 치팅 데이입니다.

매일의 식사 횟수도 '배가 고프네'의 횟수에 따라 완전히 달라집니다. 하루 두 끼 먹는 날도 있고, 생각해 보니 다섯 끼나 먹는 날도 있었습니다. 우울증 증상의 하나가 '식욕부진'이니 그 이미지로 보면 의외로 많다는 생각이 들지도 모르겠네요. 분명히 '먹고 싶은 것을 먹게' 된 이후부터는 체중이 어느 정도 늘었습니다. 하지만 멘탈은 확실히 정돈되었습니다.

사서 쟁여 두는 걸 하지 않아서 바로 먹을 수 있는 기호품 등도 주변에 없습니다. 또 배가 고프면 반드시 걸어서 먹을 것을 사러 가야 합니다. '먹고 싶은 것을 먹기'에 의해 만들어진 이러한 제약 덕분에 제멋대로인 식생활에 비해서는 몸무게가 그렇게까지 늘지 않는 건지도 모르겠네요.

 '지금, 뭘 먹고 싶어?' 내 마음의 소리를 따를 뿐.

20

밀가루는 먹지 않는다

**멘탈에 좋지 않은 음식은
느슨한 금지로 멀리한다**

빵은 참 맛있죠. 누구나 그렇게 생각하지 않을까 싶습니다. 하지만 **밀가루는 약의 흡수에 좋지 않다고 들은 적이 있어서, 좋아하지만 별로 먹지 않게** 되었습니다. 앞에서 이야기한 '먹고 싶은 것을 먹는다.'와 모순되는 듯하지만, 밀가루만은 예외입니다. 빵 외에도 파스타나 라멘, 우동, 케이크와 같이 밀가루가 많이 쓰인 음식은 의식적으로 먹지 않도록 신경 쓰고 있습니다.

그렇다고 해서 너무 지나치게 의식하면 피곤해지기 때문에 절대로 먹으면 안 된다고 엄격하게 정해 두지는 않았습니다. 가끔은 빵도 먹고, 맥도날드가 당기면 먹기도 합니다.

첨가물 역시 멘탈에 좋지 않은 듯해서 비엔나소시지 같은 가공육도 최대한 먹지 않습니다. 하지만 앞서 말했듯이 스스로 강제하거나 참는 편이 더 안 좋기 때문에 구속은 어디까지나 '최선을 다해서' 정도입니다. 먹고 싶을 때는 먹고, 요리에 재료로 들어가 있는 것을 굳이 피하거나 하지는 않습니다.

되돌아보면, 스트레스가 심할 때는 튀긴 음식이나

패스트푸드 등 이른바 정크푸드만 먹었던 것 같습니다. 최근에는 몸이 정크푸드를 원하지 않게 되면서 의식하지 않아도 거의 먹지 않습니다. '뭘 먹고 싶은가'가 멘탈을 포함한 컨디션 관리의 잣대가 되는 것입니다.

 이렇게 되면 반대로 가끔 먹는 빵이나 라멘이 극적으로 맛있게 느껴지게 됩니다. 이는 몸의 소리에 귀를 기울임으로써 멘탈이 정돈된 결과물이라고도 할 수 있습니다. 그저 살기 위해 밀어 넣는 정크푸드에서는 그다지 맛이 느껴지지 않지만, 멘탈이 정돈된 상태로 가끔 맛보는 정크푸드는 일상에 좋은 양념이 되어 줍니다.

 이런 식으로 '느슨하게' 피하는 편이 좋은 식재료가 있기는 하지만, 기본적으로는 '뭐든지 먹어도 괜찮다'가 식사에 대한 저의 입장입니다. 그렇게 하다 보면 결과적으로는 채소를 비롯해 몸에 좋다고 여겨지는 식재료를 선택할 확률이 높아집니다. 앞에서도 이야기했는데, 제 경험상 좋아하는 것만 계속 먹다 보면 몸이 저절로 자연식품과 채소를 원하게 되기 마련입니다. 한때 가츠동을 일주일 동안 13그릇 정도 먹은 적이 있는데, 그 후로 한

동안은 질려서 먹지 않았던 기억이 있습니다.

결과적으로는 영양 균형을 머리로 생각하기보다는 몸이 원하는 음식을 솔직하게 골랐을 때 균형을 얻을 수 있고 멘탈에도 좋은 식사가 됩니다. 반대로 몸이 앞서 언급한 느슨한 식재료만을 원하게 되었다면, 이는 조금 위험한 사인이 나오고 있는 거라고도 생각할 수 있습니다. 신경 쓰지 않고 먹어 버리게 되긴 하지만요.

이런 저의 최애 식당 리스트에 최근 추가된 곳이 '야요이켄'(일본 가정식 전문 체인점-옮긴이)입니다. 일식 정식을 합리적인 가격대로 먹을 수 있는 최고의 체인점입니다. 여기서라면 뭘 먹어도 괜찮다고 정해 두었는데, 기본적으로는 치킨난반(튀긴 닭고기를 간장 소스에 적셔 타르타르소스를 뿌려 먹는 일본의 가정식 요리-옮긴이)이나 미소카츠니(튀긴 돈가스를 일본식 된장인 미소 소스에 넣어 끓인 나고야 지방의 음식-옮긴이)(아이치현 출신이기 때문에) 중 한 가지를 선택합니다. 컨디션이 좋을 때는 다른 메뉴를 시도해 보는 경우도 있습니다.

밥을 중심으로 하는 생활로 몸과 멘탈이 정돈되면,

가끔 입에 대는 정크푸드가 전보다 훨씬 맛있게 느껴집니다. 밀가루 프리의 생활은 이렇게 일석이조의 기쁨을 가져다줍니다.

 영양 균형을 머리로 생각하기보다는, 몸이 원하는 것을 따르자.

21

신경 안 쓰기에 신경 쓰기

다른 사람의 시선을 의식하지 않는다.
옷은 '입을 수 있으면 된다'

가방은 10년째 사용 중인 백팩, 언제든 마음 내키면 산책할 수 있도록 발에는 항상 런닝화나 운동화, 옷은 입을 수 있기만 하면 되니까 좋아하는 애니메이션 티셔츠나 자주 가는 소바 식당에서 받은 사은품 티셔츠. 평소 저의 옷차림은 이렇습니다.

20대 때는 옷을 사러 나고야까지 나가기도 하고 다른 사람들처럼 꾸미는 데 관심이 많았지만, 우울증을 거치면서 지금은 이렇게 정착하게 되었습니다. 뭣하면 샤워도 그렇게 자주 하지 않아도 된다는 생각입니다.

이런 식이다 보니 "그러고 다니면 여자들한테 인기 없다."는 친구의 충고를 받아들여, 데이트할 때만큼은 깔끔한 느낌의 흰 티셔츠를 입는 것으로 정해 두었습니다. 이래봬도 저는 '누군가 추천하는 건 시도해 본다.'는 유연성은 갖추고 있습니다. 흰 티셔츠는 훈남 분위기를 연출할 수 있다고 다들 좋게 평가하는 것 같은데, 그 성과가 조금만 더 나왔으면 하는 바람입니다.

옷이나 소지품에 대해 별생각이 없는 이유는 **살아가는 데 관계없기 때문**입니다. 우울증 회복을 목표로 해 온 지난 8년간, 사는 데 온 힘을 쏟아부었습니다. 일하는 방식을 바꿔서 체력 소모를 제어하고, 무리하지 않고 살 수 있도록 사고방식도 바꾸고, 그렇게 해서 하루하루 어떻게든 삶을 연장했고 마침내 자연스러운 모습으로 생활할 수 있을 정도로 회복되었습니다. 거기에 옷이나 소지품에 신경 쓸 만한 여유는 없었던 것입니다.

가방은 물건을 넣을 수 있으면 되고, 신발은 걷는 데 지장이 없으면 되고, 옷은 입을 수 있으면 되고, 뭐든 사용할 때 불결한 느낌만 없다면 충분합니다. '다른 사람에게 어떻게 보이고 싶은가' 하는 마음은 완전히 깨끗하게 지웠습니다. 이러한 소지품은 그야말로 신경 쓰기 시작하면 끝이 없습니다. 그렇다고 해서 '가장 싼 물건을 사야 해'라고 생각하지도 않습니다.

굳이 말하자면, **'신경 쓰지 않기에 신경 쓴다'는 것이 제가 가장 신경 쓰는 부분**이라고 할까요. 정말로 사용할 수만 있으면 뭐든 괜찮습니다.

다만 **일과 관련된 것은 별개입니다.** 시계는 애플워치를 쓰고 있습니다. 〈코코나라〉의 상담 의뢰 알림을 놓치고 싶지 않아서입니다. 그리고 얼마 전 새로운 곳으로 이사하면서 게이밍 체어와 작업용 책상을 샀습니다. 최근 집필 관련 일이 늘어서 집중할 수 있는 환경을 조성하고자 했기 때문입니다.

그렇기는 하지만 요즘도 마감이 가까워지면 환경에 변화를 주기 위해 밖에 나가서 일할 때도 있습니다. 늦은 밤에 별생각 없이 아르바이트하는 사무실에 가서 원고를 쓰기도 합니다. 이 역시 집이라는 기본적인 작업 공간이 있기에 기분 전환의 효과도 더욱 높아질 수 있는 거라 생각합니다.

이렇듯 **'투자'로 연결되는 것에는 신경 써도 됩니다.** 그리고 제가 이렇게 말할 수 있는 건 그 덕에 우울증의 회복으로 가는 레일에 잘 올라타면서 일이 안정되어, 투자할 수 있는 상황이 되었기 때문이기도 합니다.

우울증을 겪는 사람은 **무언가에 신경 쓰는 데 뇌를 사용하지 말고, 삶을 연장하는 데 집중**해야 합니다. 다른 사람의 눈을 의식하는 것은 소모로 이어집니다.

살아가는 데 불필요한 것은 신경 쓰지 말자. 단, 투자로 이어지는 것은 별개.

22

아침 산책 못 하면 어때

야행성으로도 충분,
세로토닌보다 중요한 것

정신과 전문의나 심리 분야 전문가가 자주 하는 이야기가 '아침 산책'입니다. "햇볕을 쬐어 세로토닌의 분비를 늘리면 마음이 안정되고 우울증에서 회복될 수 있습니다. 그러니 아침 일찍 일어나서 산책하는 습관을 들이도록 합시다."

분명 실험 등에 기반한 확실한 근거가 있는 말이겠죠. 하지만 이러한 정보를 접할 때마다 당사자인 저로서는 '뭔가 아닌 것 같은데'라는 느낌을 받습니다. 단적으로 말하면, **'그게 가능한 사람이라면 우울증 같은 거 안 걸린다니까'랄까. 이미 우울증에 걸려 버린 우리에게는 꽤 허들이 높은 일**이라고 할 수 있습니다. 이는 하려고 마음먹어 봐도 거의 되지 않았고, 오히려 침울한 기분에 빠지기만 했던 제가 직접 경험을 통해 느낀 바입니다.

우울증을 겪는 사람이 하루에 획득할 수 있는 활동 에너지가 100이라면, 소모 에너지는 1만까지도 될 수 있습니다. 그러니 만약 아침 산책으로 활동 에너지를 2배로 늘리게 된다면 그저 언 발에 오줌 누기에 불과합니다.

정신과 전문의의 말처럼 세로토닌은 중요하다고 생각합니다. 하지만 우울증을 겪는 우리는 **먼저 소비 에너**

지를 줄이는 쪽에 힘을 쏟아야 합니다. 자신이 지금 가지고 있는 에너지를 어떻게 절약할지를 생각하고 절약한 상태를 유지할 수 있으면, 사회에 복귀했을 때 우울증이 재발할 확률은 낮아집니다. 그러기 위해서는 최대한 머리를 덜 쓰고 소모하지 않는 생활을 최우선으로 할 필요가 있습니다. 그 외에는 내려놔도 괜찮습니다.

그래서 저는 아침 산책도, 일찍 일어나기도 지금은 모두 내려놓고 있습니다. 언제 자고 언제 일어날지는 그날의 저에게 달렸습니다. 그렇게 해서 마침내 회복의 토대가 만들어지기 시작했습니다.

애초에 다들 '아침형 = 훌륭하다/바람직하다'는 도식에 지나치게 사로잡혀 있는 것 같습니다. 어렸을 때부터 '일찍 자고 일찍 일어나기'가 바른 생활 습관으로 인식되어 왔기 때문에 어쩔 수 없는 부분인지도 모르겠지만요.

아침에 일어나지 않는 제 입장에서 보면 매일 아침 정해진 시간에 일어나서 전철을 타고 출근하는 것만 해도 굉장한 일입니다. 그런데 심지어 더 일찍 일어나서 산책까지 한다니 이미 신의 영역, 갓생입니다.

제 경우 **회복 기간에 '심야 5분 산책'**을 하던 때가 있었습니다. 5분 산책을 하고 다음 날 다운, 일단 쉬고 컨디션이 올라오면 5분에서부터 다시 도전, 또 다운되면 쉬고, 반동이 점차 줄어듦에 따라 산책 시간과 거리를 늘려 가는 식이었습니다. 이렇게 착실한 작업을 반복하면서 지속적으로 움직이기 위해 필요한 체력을 조금씩 되찾았습니다. 산책을 하고 싶다면 시간은 언제라도 괜찮습니다. 그런데도 '반드시 아침 산책'을 해야만 해.'라고 생각하기 때문에 일찍 일어나야 한다는 스트레스가 발생하고, 일어나지 못하면 자책하게 됩니다. 하지만 **'언제든 괜찮아.' 하고 가벼운 태도를 취하면 산책이라는 '운동'의 효과는 확실히 얻을 수 있습니다.**

'아침 산책론'은 모범생들한테나 맡겨 둡시다. 우울증을 겪는 우리는 언제든 내가 좋은 시간에 산책하면 됩니다. 스트레스를 받지 않는 산책에는 분명 세로토닌 이상의 효과가 있을 것입니다. 물론 산책 자체가 부담된다면 하지 않아도 괜찮습니다.

 걷고 싶으면 원하는 시간에 걷자.

23

잠들 수 없다면
깨어 있는다

'수면을 컨트롤해야지'라는 생각은 하지 않는다.
자고 싶을 때 자면 된다

'아침 산책'에서도 이야기했지만, '아침형 인간'에 대한 신앙은 그 뿌리가 매우 깊습니다. 많은 사람이 '밤에 일찍 자고, 아침에 일찍 일어나는' 것이야말로 미덕이라고 믿습니다. 이러한 '아침형 인간교敎'의 신자들은 수면의 질을 높이기 위해 다양한 침구를 구입하고, 잠들기 전 최적의 루틴을 늘 찾아다닙니다. 제가 보기에 그들은 마치 누군가로부터 '빨리 자야 해.' '질 좋은 수면을 취하지 않으면 안 돼.' 하고 협박을 받고 있는 게 아닌가 싶을 정도입니다.

졸리지도 않은데 '빨리 자야 하니까'라는 생각에 약을 먹고 억지로 잠이 듭니다. 그렇게 해서 가까스로 잠이 들었지만 아침에 일어나면 또 약효가 남아 있어서 멍한 '아침형 인간'이라니, 과연 생산적이라고 할 수 있을까요?

저의 신조는 **'잠들 수 없으면 깨어 있으면 된다.'**입니다. 애초에 '수면을 취해야지'라는 발상이 없습니다. 매일 일어나는 시간도 정해져 있지 않습니다. '일어나고 싶을 때'가 그날의 기상 시간입니다. 예를 들어 내일 아르바이트 출근 시간이 아침 10시인데, 5시까지 깨어 있는 일도 자주 있습니다. '아르바이트에 늦지 않으려면 8시까지는 일어나야 하니까 12시에는 잠들어야 해······.' 하고 잠이 오지도 않는데 억지로 침대에 눕는 것보다, '아직 안 졸리니까.' 하고 날이 밝을 때까지 깨어 있을 때가 왠지 의외로 수월하게 일어날 수 있기도 합니다.

사실 그렇게 당당하게 소리 내어 말할 수는 없지만, 이 '아직 안 졸리니까.'의 뒤편에는 '늦잠 자면 뭐 어때.'라는 마음이 숨겨져 있습니다. 나 하나 늦잠으로 지각했다고 해서 세상 무언가가 크게 바뀔 정도의 영향은 딱히 없습니다. 무책임하게 느껴지겠지만 사실입니다. 그렇게 생각하면 마음이 한결 편해지고, 그러는 편이 희한하게 일어나기 쉬워진다는 게 재미있는 부분이죠(제 경우에는 그렇습니다).

이처럼 세상에는 이렇게 하는 게 좋다고 여겨지는 생활 습관이 꽤 많다 보니, 우리는 자신도 모르는 사이에 자유를 속박당하고 있습니다. 일찍 자고 일찍 일어나는 것뿐만 아니라 식생활, 운동, 흡연이나 음주 등 신경 써야만 하는 요소들이 여기저기 복잡하게 얽혀 있습니다. 물론 몸 건강을 생각하면 확실히 이런 것들을 지키는 편이 좋겠죠. 하지만 우울증에 걸렸을 때는 그 끈을 전부 끊어내도 된다고 생각합니다. 왜냐하면 우선은 마음의 건강 지키기가 최우선이 되어야 하기 때문입니다.

중요한 것은 내 마음의 목소리입니다. '자야 하는지 아닌지'가 아니라, '지금 졸려? 안 졸려?', '지금 일어나고 싶어? 아직 졸려?' 하고 스스로에게 물어보고 그 대답을 우선시합시다. 그러니까 새벽까지 깨어 있을 때가 있으면 점심을 훌쩍 지나 저녁까지 잘 때도 있습니다. 그 탓에 약속을 갑자기 취소하게 되는 상황도 벌어질 수 있겠죠. 누가 보면 엉망진창인 생활로 보일 수도 있지만 지금의 저로서는 그것이 우울증 재발을 방지하기 위한 최적의 리듬입니다.

한마디로 요약하면 '자고 싶을 때 자기'. 우울증 회복을 목표로 한다면 이 정도 수준으로 심플하게 생각하는 편이 도움이 됩니다.

 졸리지 않다면 깨어 있어라. 자고 싶으면 자라.

24

집 정리는 안 해도 된다

집이 지저분해도 살 수 있다.
'청소해야 하는데' 하는 초조함을 버린다

여담이지만, 최근 이사를 했습니다. 위치는 지금 아르바이트하는 곳 근처. 아르바이트를 마친 후 바로 집필 등의 작업에 들어갈 수 있는 곳에 살고 싶었기 때문입니다. 그리고 위층에 사는 사람이 매일 시끄러웠던 이유도 있습니다.

이사하기 전에 제가 살던 집은 마치 쓰레기장 같은 상태였습니다. 일반적으로는 '멘탈의 상태 = 집의 상태'라는 설이 있지만, 이사할 때쯤 제 우울증은 다 나았다고 말해도 될 정도의 상태까지 회복되어 있었습니다. 이사를 실행에 옮길 수 있었던 것도 상태가 회복되면서 문제없이 일을 할 수 있게 되어 수입이 안정되었기 때문입니다. 이 에피소드를 통해 하고 싶은 말은 제가 더러운 인간이라는 게 아닙니다. **집이 지저분해도 우울증은 나을 수 있다**는 말입니다.

물론 집을 깨끗하게 하면 회복하기 쉬운 상태를 만들 수 있다고는 생각합니다. '깨끗한 집과 더러운 집, 어느 쪽이 좋은가?'라고 누가 묻는다면, 당연히 깨끗한 집 쪽이 절대적으로 좋겠죠. 하지만 가장 하지 말아야 할 것은 집이 더러워서 우울증이 낫지 않는다고 생각하는 것과 집 청소를 해야 한다고 초조해하는 것입니다. 이는 **뇌의 피로감을 더욱 가중시켜 회복을 늦추는 사고방식**입니다.

저의 경우 언제부턴가 '집이 지저분해도 뭐 어때. 이 상태가 편리하기도 하고, 나 다운데.' 하고 자긍심마저 가질 정도의 감각으로 지냈습니다. 그러자 신기하게도 건강해지기 시작했습니다.

즉 집이라는 현실의 공간을 정리하는 것보다 머릿속 공간을 깨끗하게 하는 것이 더 중요하고, 회복을 향한 한 걸음이 됩니다. 물건을 하나씩 버리고 아무것도 없는 집에서 생활하는, 이른바 '미니멀리스트'라 불리는 사람들이 있는데, 우리의 목표는 '마음의 미니멀리스트'입니다. 일단 '정리하지 않으면 큰일'이라는 초조함을 머릿속에서 치워 버립시다. 지금 제 머릿속 집은 아주 깨끗합니다. 깔끔하게 정리·정돈되어 있어서 언제 누가 방문해도 당당하게 맞이할 수 있을 정도로 완벽합니다.

그렇다고 해서 제가 정리를 전혀 하지 않는 건 아닙니다. 이사하고 나서는 특히 더 그렇습니다. 하지만 정리라는 행위와 본격적으로 마주하는 건 잘 못합니다. 그래서 저만의 방법은 **누군가와 대화하면서 정리하기**입니다. 전화 또는 트위터를 통해 대화를 하면서 손을 움직입니다. 어떤 행동도 '시작하기까지'가 승부처입니다. 그렇게 미뤄왔던 일을 시작하기 위해 누군가와 대화를 나누면서 스스로 의욕을 불어넣어 간다는 겁니다. 앞에서도 이야기했는데 '~하면서' 작업은 모든 상황에서 추천하는 방법입니다.

가끔은 모르는 사람과 통화할 수 있는 앱도 활용하고 있습니다. 100% 익명이기 때문에 대화의 분위기가 별로면 끊을 수도 있으니, 부담 없이 가벼운 마음으로 대화를 시작할 수 있어서 좋습니다. '니코틴 중독인데, 어떻게 하면 좋을까요?' 같은 고민에 상담해 주면서 세탁기를 돌리거나 합니다.

물론 정리에 사용하는 에너지는 최소한으로 합니다. 수납 기술 같은 건 손댈 생각도 안 합니다. 건조된 옷은 개지 않고 의류 케이스에 마구 집어넣을 뿐입니다. 옷

걸이에 걸어서 말린 옷은 그대로 옷장 행. 보기에도 별로 안 좋고 이런 식으로 하면 인기 없을지도 모르지만, 살아가는 데는 전혀 문제없습니다.

 머릿속의 불필요한 것을 버리고, '마음의 미니멀 리스트'가 된다.

25

가장 싼 물건을
고르는 건 그만

8만 엔짜리 공기청정기가
삶의 질을 높여 준다

우울증에 걸리면서 일을 할 수 없게 되기도 했고, 돈에 대한 불안이 끝이 없었던 저는 과거에는 뭐든지 가장 싼 것을 선택했습니다. 식재료부터 생활용품, 가구, 가전까지 어떤 것이든 선택할 때 기준은 '저렴한 가격'이었습니다. 값이 싼 게 좋은 거라고 굳게 믿고 있었던 거죠.

하지만 지금은 **품질을 포함한 종합적인 면을 중요**하게 생각하고 있습니다. 솔직히 말하면 일을 조금씩 할 수 있게 되면서 경제적인 여유가 생긴 점도 무관하지 않다고 생각합니다. 하지만 더 큰 이유는 길게 봤을 때 '생활의 질이 향상되는 물건'을 선택하는 편이 이득이라는 사실을 경험적으로 알게 된 것입니다(단, 앞에서도 이야기했듯이, 옷처럼 몸에 걸치는 것은 별개).

최근 저의 쇼핑 리스트는 다음과 같습니다.

- **건조기 일체형 세탁기 - 집안일에 들어가는 시간을 일에 쓰기 위해**
- **게이밍 체어 - 일에 집중할 수 있도록, 허리 통증을 예방하기 위해**
- **공기청정기 - 집안 공기를 좋게 해서 멘탈을 정**

돈하기 위해

어느 하나 저렴한 쇼핑은 아닙니다. 특히 공기청정기는 8만 엔이나 했는데, 저에게 있어서는 엄청난 돈을 쓴 거라고 할 수 있습니다.

흔히 '집은 마음을 비추는 거울'이라는데 저는 그렇게 생각하지 않습니다. '집 정리는 안 해도 된다'에서도 이야기한 대로 솔직히 집이 어질러져 있어도 우울증은 나을 수 있다고 생각합니다. 실제로 저도 그랬고요.

하지만 **공기가 깨끗하면 기분이 좋아지는 게 사실**입니다. 이는 제가 실제 경험을 통해 느낀 부분이기도 해서, 그 값에 걸맞은 효과를 기대하며 8만 엔짜리 공기청정기를 구입하기로 결단을 내렸습니다.

저의 쇼핑 리스트를 보면 모든 게 '투자'라는 사실을 알 수 있죠. 일하는 환경을 정돈하기 위한 물건과 건강을 관리하기 위한 물건. 그때까지 세탁물을 손으로 직접 널고, 더러운 공기 속에서 딱딱한 의자에 앉아 작업을 했던 때와 비교하면 생활의 질이 극단적으로 향상되었다는 사실을 실감하고 있습니다. 분명 적지 않은 금액이 손에서 빠져나갔지만, '좋은 쇼핑이었다' 하고 뿌듯하게 가슴을 펼 수 있습니다.

참고로 휴지나 세제 같은 생필품을 미리 사서 쟁여두지는 않습니다. '이제 얼마나 남았지?' 하는 데 머리를 쓰고 싶지 않기 때문입니다. 직접 음식을 해 먹지도 않으니, 식재료의 재고 리스트를 신경 쓸 일도 없습니다.

룰은 심플하게 '떨어지면 산다'입니다. 싸니까 사 두지 않습니다. 혈안이 되어 싼 물건을 찾지도 않고, 어쨌든 만족할 만한 것을 고릅니다. 굳이 쇼핑의 기술이라고 한다면, **'3000엔을 넘어가는 물건은 아마존이 싸다'**는 한 가지 가설뿐. 그리고 다 떨어졌으면 마음 내키는 오프라인 점포에서 그때 필요한 개수만큼만 삽니다. 지금까지 이런 식으로 해서 곤란했던 적은 없습니다.

세상에는 세일하는 날을 신경 쓴다거나, 적립되는 포인트에 따라 구입할 점포나 구입할 날을 정하는, 이른바 포인트 적립 활동 같은 걸 하는 사람도 있습니다. 그들 눈에 저는 손해 보는 사람으로 비칠지 모르지만, 그래도 괜찮습니다.

조금은 손해를 봐도 좋으니, **재고나 저가, 포인트에 뇌의 용량을 내어 주지 않을 것.** '투자'를 제외한, 어디까지나 생활을 위한 거라면 '뭐든지 괜찮아' 하고 생각하는 정도가 딱 좋습니다.

 투자에는 돈을 아끼지 말고, 생활을 위한 것은 적당히 고르자.

26

늘 배팅 장갑을
가지고 다닌다

'하고 싶은 일'을 언제든 할 수 있도록
준비해 둔다

저는 열다섯 살 무렵부터 배팅 센터에서 공 치는 걸 좋아했습니다. 친구가 없었던 저에게 혼자 놀 수 있는 소중한 장소였죠. 그건 지금도 마찬가지입니다. 다른 사람의 눈을 신경 쓰지 않고 마음껏 몸을 움직이면서 스트레스를 발산하고 있습니다.

많은 사람이 미리 계획한 스케줄에 맞춰 행동하려고 합니다. 학창 시절에도 시험공부 스케줄을 꼼꼼하게 짜곤 했겠죠. 대부분의 경우는 생각처럼 잘되지 않았을 것 같은데, 저 역시 그랬습니다.

지금 제 **머릿속 스케줄은 거의 백지**상태입니다. 기본적으로는 '그때그때 정하면 된다'는 생각입니다. 일단 '일은 몇 시부터'라는 정보는 입력해 두지만, 일어날 수 있을지 어떨지 모르고 갑자기 몸이 안 좋아질 수도 있다, 그러니 미리 생각한들 소용없다, 정도의 입장입니다.

이를 일의 스케줄뿐만 아니라 일상생활에도 적용하고 있습니다. 외출했다가 갑자기 '게임 센터에 가고 싶다', '옷을 사고 싶다'와 같은 충동이 불쑥 올라올 때가 있습니다. 이러한 실시간의 기분이나 느낌을 우선시해서 '하고 싶은 일을 해주는' 것입니다. 바꿔 말하면 **'내 몸을**

대접해 주기', 내 몸이 하고 싶어 하는 걸 선물해 주는 이미지입니다.

제 몸은 배팅 센터에 가는 걸 좋아하니, '가고 싶다'는 생각이 들 때 그 기회를 놓치지 않도록 외출할 때는 반드시 배팅 장갑을 백팩에 챙겨서 가지고 다닙니다. 장갑이 없으면 타격 기술이 약 70% 떨어지기 때문에 모처럼의 기회를 최고의 체험으로 만들기 위해서는 꼭 필요합니다. 평소 배팅 장갑을 가지고 다니면 외출했을 때 '배팅 센터에 간다'라는 선택지를 늘 쥐고 있을 수 있습니다. 물론 가지 않는 경우도 있지만(그쪽이 더 많음), 자신을 '선택지가 있다'는 상태에 가져다 두는 것이 중요합니다. 선택지가 있으니 마지막의 마지막까지 결정하지 않아도 되고, '그때 몸이 하고 싶은 일'을 우선시할 수 있습니다.

소지품으로 말하면 스마트폰 보조배터리 역시 늘 백팩에 들어 있습니다. 외출한 곳에서 '일을 하고 싶다', '게임을 하고 싶다', '동영상을 보고 싶다'는 생각이 들었을 때, 배터리가 없어서 그 바람을 이루지 못한다는 것은 최악입니다. 그래서 보조배터리를 가지고 다니는 이유라고 하면 '무슨 일이 있으면 곤란하니까' 보다는 **'내 기분에 응답할 수 없는 건 싫으니까'**의 쪽에 더 가깝지 않을까 싶습니다.

제 경우는 배팅 센터지만 여러분에게도 각자 좋아하는 스트레스 해소 방법이 있을 것입니다. 피트니스센터에서 운동하는 걸 좋아한다면 평소 가방에 운동복을 넣고 다니면 되고, 악기를 가지고 다닐 수도 있겠죠. 책이나 만화책이라면 언제 어디서든 바로 꺼내 읽을 수 있습니다. 그때그때 하고 싶은 일을 최우선으로 할 수 있도록 늘 준비해 둡시다. 마음이 보내는 시그널에 '지금 도구가 없어서' 응답하지 못하는 일이 반복되다 보면 스트레스는 점점 쌓여 갈 수밖에 없습니다.

그러니 '지금은 계획이 꽉 차 있어서 무리'와 같은 상황을 피하기 위해 스케줄은 가능한 한 백지로 해 두는 걸 추천합니다.

 몸이 바라는 '하고 싶은 일'에 언제든 응답할 수 있도록 준비해 둔다.

27

무無가 되기 위한
카드를 지닌다

**'싫은 것을 생각하고 싶지 않을' 때는
근력 운동을 하러 간다**

정신과 전문의가 자주 하는 말 중 하나가 '우울증에는 운동이 좋다'입니다. 과학적인 부분은 잘 모르겠지만 실제로 우울증이 있는 제가 운동을 하는 이유는 단 한 가지 **'싫은 것을 생각하지 않아도 되기 때문'**입니다. 앞에서도 이야기했듯이, 배팅 센터에 갈 때도 있고 아무 생각 없이 산책을 할 때도 있습니다. '일주일에 며칠, 몇 시간'이라고 정해 둔 것도 아니고, 하고 싶을 때 하는 게 제 나름의 룰입니다.

이런 제가 예전에 근력 운동을 하기 위해 피트니스센터에 다닌 적이 있습니다. 그 당시에도 가고 싶을 때 가고, 가고 싶지 않을 때는 가지 않는다는 기본 룰은 분명히 있었지만, 그때는 '가고 싶은' 기분이 강했던 것 같습니다. 한때는 꽤 열심히 다녀서, '100킬로그램 바벨을 들고 스쿼트'와 같은 하드 트레이닝을 주 2회씩 하던 시기도 있었습니다.

지금에 와서 되돌아보면, 피트니스센터에 가는 건 '싫은 것을 생각하고 싶지 않을' 때였습니다. '운동을 하고 싶다'기 보다는 **'무無가 되고 싶다'**, **'머릿속을 텅 비우고 싶다'**는 마음으로 다녔습니다(그렇게 생각하면, 결과적으로 몸도 단련되었다는 건 생각지도 못한 덤입니다).

이렇듯 **'무無가 되고 싶을 때 = 피트니스센터'와 같은 카드를 만들어 두는 것**은 마음의 안정으로 이어집니다. 우울증 회복을 목표로 하는 데 있어서는 쓸데없는 것들을 머리에서 쫓아내는 것이 매우 중요하기 때문입니다.

저는 근력 운동이었지만 산책도 추천합니다. 방식도 코스도 자유입니다. 몇 분, 몇 시간 걷겠다, 같은 건 일절 정하지 말고 좋아하는 장소를 어슬렁거린다거나, 사람이 없는 곳에 가 본다거나, 멍하니 전철을 보고 있다거나, 달을 올려다본다거나, 하는 것도 좋습니다. 의미 없는 행동으로 그냥 멍 때리는, 즉 무無가 되는 시간을 의식적으로 만들어 보는 것입니다.

세상 사람들은 모두 온on과 오프off 스위치의 전환을 능숙하게 하고 있습니다. 마치 꼭 절전을 실천해야 하는 것 마냥 착실하게 온·오프를 반복하는 게 가능한 사람도 있을 테죠. 우울증을 겪는 사람 대부분은 이 전환을 잘 못합니다. 그래서 퇴근 후나 쉬는 날에도 일에 대해 계속 생각하다 보니 피로가 쌓여 갑니다.

자신이 그렇다 싶은 사람은 의식적으로 스위치를 끄는 훈련을 해 봅시다. 무無가 되는 것입니다. 그리고 그렇게 되기 위한 자기 나름의 카드를 지녀야 합니다.

저는 훈련의 효과가 있었는지, 지금은 늘 멍하게 있는 편입니다. '의욕이 잘 안 생깁니다, 의욕 스위치를 갖고 싶습니다.'라고 말하는 사람이 있는데, 저에게는 **'비非의욕 스위치'를 계속 누르는 게 더 중요**합니다.

오프의 시간이 없으면 정말 꼭 해야만 하는 상황일 때 온으로 전환할 수가 없습니다. 저에게는 〈코코나라〉의 전화상담 시간이 그렇습니다. 그 사람의 고민에 맞춰 생각하고 답을 안내해야 하는 중요한 일입니다. 실패가 허용되지 않는 이 시간에 집중할 수 있도록 그 외의 시간에는 의식적으로 스위치를 오프로 하고 있습니다.

쉽게 한마디로 오프라고 하지만, 어느 정도를 말하는 건지 어렵게 느껴질 것 같습니다.

제 기준으로는 상대방이 화를 내기 전까지는 오프여도 괜찮다고 생각합니다(웃음). '저기, 듣고 있는 거야?' 같은 말을 들으면 아웃이겠죠. 하지만 상대방이 화를 낸다면 '이 사람은 여기까지는 OK, 이 이상은 NG'라는 정보를 얻을 수 있습니다. 가능한 한 적은 에너지로 살아가기 위한 테크닉입니다.

 의식적으로 오프의 시간을 만들고, '실패하면 안 되는 온'에 모두 집중.

28

'에너지 소모가 적은 가게'를 단골로 정한다

미용실이나 마사지숍은 정해 놓고 다닌다

우울증인 사람에게 있어 접객 서비스가 있는 가게에 들어간다는 건 무척 허들이 높은 행위입니다. 제가 우울증에서 회복되어 가고 있던 어느 날, 가장 곤란했던 건 미용실이었습니다. '밑바닥'이었을 때는 늘 집에 처박혀 있었기 때문에 머리 같은 건 어찌 되든 상관없어서 길면 긴 채로 그냥 두었습니다. 하지만 조금씩 '밖에 나가 볼까'라는 생각이 들기 시작했을 때 '이 길어진 머리를 어디서 잘라야 하나?' 하고 꽤 고민했던 기억이 있습니다.

미용실의 귀찮은 점이라고 하면, 처음 방문한 곳일 경우 하나부터 열까지 다 설명해야 한다는 것입니다.

나	"이런 스타일로 하고 싶은데, 저는 이런 모질이고, 이런 게 고민입니다."
미용사	"그럼, 이런 느낌으로 해 볼까요?"
나	"네, 그렇게 해주세요."
미용사	"오늘 직장은 쉬는 날인가 봐요?"
나	"(아, 말 많은 타입인가……)아, 음, 뭐, 그렇죠."

물론 미용사가 '손님이 이 시간을 즐겁게 보낼 수 있게 하자'는 마음으로 서비스해 주는 건 잘 압니다. 하지만 고통은 고통. 우울증이 아니었을 때조차 고역이었는데, 우울증에 걸리고 나서부터는 더더욱 정신을 깎아 먹는 시간이 되었습니다.

그래서 먼저 해야 할 것은 **가게 고정하기**입니다. 내 성향을 아는 가게라면 "늘 하던 스타일로 부탁드립니다.", "네, 알겠습니다."로 대화가 종료됩니다. 관심이 가는 대로 요즘 인기 있는 가게나 친구에게 추천받은 가게에 가 보는 식의 가벼운 발걸음도 괜찮다고 생각합니다. **하지만 흥미와 에너지 절약 중에 선택해야 한다면 단연코 후자**입니다.

'고정적으로 다녀도 좋을 만큼 마음 편한 가게'를 찾는 게 어렵게 느껴지는 사람도 있을 텐데요. 가게의 분위기나 직원과 잘 맞는지 등 체크할 포인트가 몇 가지 있는데, 제 경우는 압도적으로 미용사와의 대화입니다. "아, 그건 이런 거네요."라든지, 일방적으로 단정 지으려는 사람은 탈락. 그 시점에서 '아······(알만하다)'가 되어 재방

문은 없습니다.

나에게 상처를 줄 수 있는, 공격력이 높아 보이는 사람과는 무조건 거리를 둡니다. '고작 한 시간 정도 머무르는 미용실에 대해 그렇게까지 바랄 일인가.'라고 생각할지도 모르지만, 회피할 수 있는 상처라면 회피하는 편이 절대적으로 좋습니다. 솔직히 말하면, 원하는 스타일에 대한 요청을 마친 후에는 잡지(요즘은 태블릿인 경우가 많음)를 건네주고 그냥 내버려 두는 게 베스트죠. 직접 가게를 찾아보기가 어렵다면 **당신을 잘 아는 신뢰할 수 있는 사람에게 소개받는 방법**을 추천합니다.

저도 지금은 트위터에서 알게 된 사람에게 머리를 자르러 다닙니다. 프리랜서 미용사인데, 한번 가 보니 좋아서 계속 부탁드리고 있습니다. 마사지 역시 마찬가지로 트위터를 통해 알게 되어 다니기 시작한 곳이 있어서 가끔 시술받으러 가고 있습니다.

미용실이나 마사지는 무리해서 갈 곳은 아닙니다. 하지만 그곳을 찾아 몸과 마음이 개운해지기도 하고, 기분이 좋아진다거나 건강해지는 효과를 얻을 수 있는 건 사실입니다. 그래서 더더욱 그 효과가 플러스와 마이너스를 거쳐 결국 마이너스가 되지 않도록, 에너지 소모가 적은 가게를 골라 다니는 것이 중요합니다.

 공격력이 높아 보이는 사람과는 거리를 둔다, 신뢰할 수 있는 사람에게 소개받는 것도 추천.

29

'마쓰노야'에서
아침을 먹는다

사회 복귀를 위해 외적 자극을 조금씩 늘린다

여기서는 우울증에서 조금 회복되기 시작한 사람을 대상으로 이야기를 해 보려고 합니다. 얼마 전 트렌드였던 미라클 모닝의 여파 때문인지, 요즘 300엔 조금 넘는 돈으로 아침밥을 먹을 수 있는 식당이 많아졌습니다. 밥파인 저의 추천 1위는 '마쓰노야'. 아침 정식 메뉴는 250엔대부터 있어서 아침부터 살짝 호화로운 기분을 맛볼 수 있습니다.

가게에는 점원을 비롯해 다른 손님들도 있고, 주문을 하고(식권 자판기인 경우도 있지만, 식권을 '건넨다'라는 행위는 발생), 식사를 제공받습니다. 집에서 빵이나 시리얼로 때우던 아침을 외식으로 바꾸기만 해도 이만큼이나 사람을 상대할 일이 생기는 것입니다.

자신이 회복되는 단계에 있다고 느끼는 사람이라면 이렇게 '평소 자신의 루틴'과 다른 일을 조금씩 시도해 봅시다. 사람과 접하는 훈련은 사회 복귀를 위해 빼놓을 수 없는 과정입니다.

저는 이 조식 루틴 외에도 가전제품 매장에 가서 점원이 말을 걸기를 기다렸다가 "그냥 보는 거예요." 하고 거절하는 훈련을 하기도 하고, 그다지 합격할 가능성이 없는 아르바이트에 지원해서 계속 떨어져 보기도 했습니다.

이러한 훈련 기간을 거치지 않고 갑자기 사회로 복귀하려고 하는 것은 위험합니다. '체력을 아껴 두는 편이 좋으니까'라는 생각으로 아무 데도 가지 않고 아무도 만나지 않는 생활을 하다가 갑자기 재취업을 한다고 한들, 좀처럼 사회에 잘 어우러지지 못할 거라는 건 상상해 보면 충분히 알 수 있죠(어쩌면 이미 그런 경험을 한 사람도 많지 않을까 싶네요). 재취업을 한 시점에 그때까지 잘 보존해 온 결과로 체력치인 HP가 100이었다고 해도, 거기에서부터 깎여 나가는 방법은 무수히 많습니다.

그러니 **외출로 인해 HP가 줄어든다고 해도 '내성'을 기르는 게 더 중요**합니다.

가게에 들어갈 용기가 나지 않는다면 **'산책하러 나가서 공원 벤치에 5분 앉아 있기'** 정도로 괜찮습니다. 다른 사람과 이야기를 나누지 않더라도 **'사회에 존재하는 시간'**이 중요합니다. 같은 '앉아서 멍 때리기'도 자기 방에서 하는 것과 공원에서 하는 것에 담긴 의미는 다릅니다. 사람들의 눈이 있는 공원에서 하면 그것만으로 재활이 될 수 있습니다.

하지만 우울증을 겪는 사람에게 있어 '모르는 사람의 눈에 띈다.'는 것은 그것만으로도 기진맥진해져 지쳐버릴 게 분명합니다. 저도 공원에 다녀오기만 했는데 다음 날 다운되어 버린 적도 있습니다.

그럴 때는 '그럼 공원에서 피곤해지지 않기 위해서는 어떻게 하면 될까?' → '사람들 눈을 지나치게 신경 쓰는 거 아니야?' 하고 생각의 시도 & 오류 과정을 반복해 봤으면 합니다. 이 과정을 통해 공원에 대한 내성이 생기면 다음은 상점, 그다음은 아르바이트 면접과 같이 다양한 일에 내성을 만들어 갑니다. 이 프로세스가 사회 복귀를 향한 실마리가 됩니다.

우울증의 나날은 사람이나 사회로부터 차단되어 아무래도 자극 없는 생활이 되기 마련입니다. 하지만 사회생활은 자극 그 자체이기 때문에 다시 한 번 그곳으로 뛰어들고자 한다면 몸과 마음을 자극에 익숙해질 필요가 있습니다.

처음에는 작은 것부터 시작해도 좋습니다. 해 본 적 없는 추리게임을 시작해 본다거나 포털 사이트에서 평소라면 열어 보지 않을 법한 기사를 읽어도 좋습니다. 평소와 다른 매체의 정보나 읽어 본 적 없는 문체의 글을 접해 보기도 합니다. 서점에서 평소라면 가지 않는 코너로 발을 옮겨 볼 수도 있겠죠.

물론 재미가 없다면 즉시 그만둬도 괜찮습니다. '모르는 것에 대한 시도 횟수'를 늘리는 것은 당신과 사회를 잇는 연결고리를 조금씩 더 튼튼해지게 만들어 줍니다.

'자신의 루틴'을 조금 바꿔서, 자극에 익숙해지자.

4단계
인간관계

30

혼잣말을 한다

내 안에 있는 답답함을 어쨌든
밖으로 토해 낸다

집에 있을 때나 길을 걸을 때, 저는 혼잣말을 자주 중얼거립니다. 누가 보면 이상한 사람이라고 생각할지도 모르겠네요. 혼잣말을 하는 이유는 **내 안에 있는 답답함을 어쨌든 밖으로 꺼내기 위해서**입니다. 기분을 종이에 '쓰는' 방법도 있지만, '말하는' 가벼움을 이기지는 못합니다.

요즘은 '아웃풋' 같은 단어도 많이 쓰는데, 그렇게 그럴싸한 게 아니어도 괜찮습니다. 인터넷상의 누군가에게 전달되도록 중얼거리는 게 아니라, 아무에게도 들리지 않는 목소리로 혼자 구시렁구시렁 중얼거리기만 해도 충분합니다.

최근 '지친다~'라는 말이 무심코 튀어나와 버린 사건이 있었습니다. 제가 우울증에서 회복되는 과정에서 배운 것이 누군가에게 힌트가 되었으면 좋겠다는 생각으로 꾸준히 글을 써 온 트위터 계정이 어느 날 갑자기 정지된 것입니다. 1만 5,000명까지 도달한 팔로워 수도 그 날을 기점으로 멈추게 되었습니다.

이 일은 저에게 꽤 큰 타격이었는데, 요즘 컨디션으

로 보면 이상하다 싶을 정도로 기분이 침울해졌습니다. '꽤 열심히 해 왔는데', '억울해, 난 아무 잘못도 안 했는데', '트위터가 '너는 도움이 안 돼.'라고 말하고 있는 건가.', '하지만 어쩔 수 없지.', '또 다른 일을 시작해야 할 타이밍인가?'……. 머릿속에서 빙글빙글 어지럽게 돌던 **생각을 집에서도 길거리에서도 계속 구시렁구시렁 말하면서 다니다 보니 마침내 마음이 정리되었습니다.**

중요한 것은 '토해 내는' 것입니다. 마음속의 답답함을 잘 토해 내지 못하면 결국 펑크가 나고 말겠죠. 누군가 이야기를 들어 줄 사람이 있다면 그 사람을 상대로 하는 편이 토해 내기 쉬울지도 모릅니다. 하지만 상대방의 사정이라는 것도 있습니다. 그 점에서 혼잣말이라면 들어 줄 사람을 찾는 수고도, 시간적인 제약도 없습니다. 토해 내고 싶은 게 있다면 혼자 투덜거리면서 바로바로 토해 냅시다. 답답함을 쌓아 두지 않기 위해서는 이러한 속도감이 중요합니다.

또 하나의 추천은 **SNS의 비공개 계정에 글을 쓰는 것**입니다. 대놓고 말할 수는 없지만, 저도 혼잣말 전용

SNS 계정을 가지고 있습니다. 서로 익명이니 교류하기에 부담 없고, 글을 올리기 전에 '이 정보는 누군가에게 도움이 될까?' 하는 생각을 할 필요도 없습니다. '토해 내기'에는 최고의 툴이라고 생각합니다.

토해 낸 후에 자신의 관점을 바꾸고 싶다면, **'나홀로 재판'을 추천**합니다. **재판장은 자기 자신이고, 그 비중은 51%. 나머지 49%는 주변에서 이러쿵저러쿵하는 사람들**입니다.

자신 외의 누군가, 예를 들어 애니메이션 〈원피스〉에 나오는 루피라면, 도박에 빠져 사는 인간쓰레기라면, 실제 친구인 누구누구라면, 또는 방금 스쳐 지나간 전혀 모르는 아저씨라면 뭐라고 할까, 머릿속에서 자유롭게 시뮬레이션해 보는 것입니다.

단 영향력이 큰 사람을 등장시키는 것은 위험합니다. 49% 비중이라도 대단한 유명인이 이야기하는 상황이라면, 51%의 자신도 그쪽으로 끌려가 버려서 그 외의 선택지는 사라지기 쉽습니다. 다양한 인물을 등장시켜서 그들이 자유롭게 브레인스토밍할 수 있게 했을 때, 시야가 넓어지고 돌파구가 열리는 경우도 있습니다.

이렇게 한다고 해서 타인의 의견에 좌우되는 것은 아닙니다. 이 재판소의 51%는 자신이 맡고 있으니, 최종적으로 가결하는 것은 결국 자기 자신이기 때문입니다.

 충족되지 않는 마음은 즉시 발산하여 펑크를 미리 방지한다.

31

생각한 것을 입으로 뱉는다

'편집'하지 않고,
상대가 누구든 같은 톤으로 말한다

1단계에서 자연스럽게 사는 것의 중요함에 대해 이야기했습니다. 제가 생각하는 자연스러움은 **생각한 것을 바로 입으로 뱉을 수 있는 상태**입니다. 이렇게 할 수 있으면 소모되는 에너지가 작아져서 쓸데없는 생각을 하는 양이 줄어듭니다.

예를 들어 직장에서 상사에게 자신의 의견을 말하는 장면을 떠올려 볼까요. 보통은 상사에게 해도 되는 말과 해서는 안 되는 말을 생각해서 선택하고, 삭제 또는 첨가하는 '편집'이라는 작업을 거쳐 마침내 전하고 싶은 내용을 입 밖으로 낼 수 있습니다.

'이런 말을 하면 싫어하지 않을까?', '버릇없다고 생각하지 않을까?' 등을 (순간적이기는 하지만) 세세하게 검토하고, 여기에 더해 높임말을 쓴다거나 말끝을 정리하는 등 대화를 하는 도중에도 계속 상대방에 맞춰서 미세 조정합니다. 당연히 피곤할 수밖에 없습니다.

저는 이 **'편집' 과정을 과감히 생략**하고 있습니다. 즉, **전달하고 싶은 내용을 그대로 입 밖으로 낸다는 말입**니다. 예를 들어 카레를 먹고 싶다고 생각하면 그대로 말합니다. 누군가 다른 메뉴를 준비해 줬든 "스튜가 더 맛있지." 하고 다들 신나게 떠들고 있든 옆에 앉은 사람이 카레를 싫어하는 상사든 상관없습니다.

우울증에 걸렸을 때는 '생각한 걸 그대로 입 밖에 내기보다는 이렇게 말하는 편이 상대방한테 더 잘 통하려나?'라든지 '이 얘기는 이 사람에게는 안 하는 게 좋으려나?'라든지 이런 것들을 하나하나 생각하곤 했습니다. 그 결과 저도 모르는 사이에 펑크가 날 정도로 피로가 쌓이고 말았습니다.

많은 사람이 이 편집 부분에 엄청나게 머리를 쓰고 있습니다. 예전의 저도 그랬지만 하고 싶은 말을 하기는커녕 다른 사람에 맞춰 자신의 캐릭터까지 바꿔 버리는, 이른바 '카멜레온형' 삶의 방식은 편집이나 조정에 막대한 파워를 분배해야만 합니다.

한편 최근 저는 대화할 때 그 상대가 누구든 말끝을 같은 식으로 처리하고 있습니다. 누구와 이야기하더라도 약간 높임말 쪽에 가까운 말투이기 때문에 곤란해질 일은 없습니다.

트위터 등에 글을 올릴 때도 편집은 하지 않고 전달하고 싶은 내용을 그대로 언어화합니다. 그래서 노이즈가 적고 생각이 다이렉트로 전달되기 때문에 많은 분들이 팔로우해 주고 있는 게 아닐까 생각합니다.

다만 그렇게 사는 데는 부작용도 따르는데, 나를 싫어하는 사람이 늘어납니다. 하지만 그만큼 나를 무척 좋아해 주는 사람도 늘어난다는 걸 저는 실감했습니다.

그리고 이건 표리일체라고 할 수 있는데, **생각한 걸 그대로 입으로 내뱉을 거라면 자기 자신을 침울해지게 만드는 말투는 없애도록** 합시다.

파친코에서 일했을 당시, 상사나 손님을 필요 이상으로 신경 써서 '미안합니다.'나, '앗, 죄송합니다.'를 연발하던 때가 있었습니다. 딱히 그렇게 생각하지 않는데도 무심코 '죄송합니다.'라는 말이 튀어나오는 것은 '내가 잘못했다.'고 마치 말이 씨가 된 듯 믿어 버려 뇌에 정착된 상태입니다. 이런 버릇은 신경 써서 교정하지 않으면 고치기 힘듭니다.

그래서 저는 '오늘은 미안하다고 하지 않는다.'와 같은 셀프 금지어를 만드는 규칙을 정했습니다. 매일 하나씩 금지어를 정하고 조금씩 교정해 나간 결과, 지금은 '미안합니다.'를 비롯한 부정적인 말이 무의식적으로 입 밖으로 나오는 일이 없어졌습니다.

생각한 것을 그대로 입으로 내뱉고, 생각하지도 않은 건 입 밖으로 내지 않기. 이렇게 하다 보면 자연 그대로의 당신을 매력적으로 느끼는 사람들과의 교류도 분명 늘어납니다.

 전하고 싶은 것은 수정 없이 그대로 전하면 된다.

32

미움받는 것은 당연한 일

미움받지 않으려 하다가,
소중한 한 사람을 놓치게 된다

《미움받을 용기》라는 책이 엄청난 베스트셀러가 되었는데, 미움받는 일에 용기가 필요할까요? 제 생각을 이야기하자면, **'미움받는 건 당연하다.'**, **'미움받을 각오를 한다.'**고 생각하는 편이 올바른 인식이 아닐까 싶습니다. 야구에서도 유명 선수조차 9분할된 스트라이크 존에서 '여기는 포기하고, 여기로 오면 친다.'와 같은 선택을 합니다. 어려운 공에 손을 대려다 보면 칠 수 있는 공도 놓쳐 버리기 때문입니다. 그런데 **왜 사람과의 관계에 있어서는 다들 모든 공을 치려고 하는 걸까요?**

　아라시嵐(1999년 데뷔한 일본의 국민 아이돌 그룹-옮긴이)나 마쓰모토 히토시松本人志(일본의 유명 개그맨이자 영화감독-옮긴이)처럼 국민적인 인기를 얻고 있는 유명인조차 일정한 수의 안티가 반드시 존재하는 마당에, 일반인인 저나 여러분이 어느 누구에게도 미움받지 않을 수 있을 리가 없습니다. 애초에 '미움받고 싶지 않다'는 생각 자체가 오만한 사고방식이 아닐까요?

　야구 이야기로 돌아가서, 모든 공을 치려다 보면 오히려 정중앙을 놓치게 되는데다가 그 외의 공에는 헛스

원만 하게 되는 사태가 벌어집니다. 즉 모든 사람에게 미움받지 않으려고 행동하다 보면, 이상하게도 '실은 깊은 관계가 될 수 있었던 사람'을 놓치게 된다거나 멀어지게 되는 상황으로 이어질 수밖에 없는 것입니다. 실은 하나든 둘이든 자신을 알아주는 사람이 있다면 그걸로 충분한데 말이죠.

이런 이야기를 하면 '일이니까 싫은 사람과도 잘 지내야 하지 않을까요?'라는 말을 듣기도 합니다. 분명 일과 관련된 인간관계라면 '저 사람하고는 안 맞으니까 즉시 차단' 같은 건 어렵습니다. 그래서 제가 실행하고 있는 방법은 **'내가 그 사람에 대해 어느 정도의 스트레스를 느끼고 있는지'를 플러스 10에서 마이너스 10까지 수치화**하는 것입니다. 마이너스는 '스트레스를 느끼는' 사람, 플러스는 '스트레스는커녕 함께 있으면 긍정적인 기분을 느낄 수 있는' 사람이라고 생각해 주세요.

마이너스 2, 3 정도의 사람이라면 교묘하게 '넘어가기'. 대화할 때마다 다운되는 사람, 즉 마이너스 10의 사람이라면 '무조건 도망가기'. 다 큰 어른인 만큼 슬쩍 빠져나가기는 어려우니 접촉은 되도록 용건만으로 끝마칩니다. 일 처리는 최소한으로 하기, 시간제한을 정해서 대화하기, 일과 관련 없는 대화는 절대 하지 않기 등 자기 나름의 룰을 정하는 것입니다.

그렇게 해서 결과적으로 상대방에게 미움을 받게 되더라도 신경 쓰지 않아야 합니다. 상대방에게 미움받는 두려움보다 자신의 마음을 지키는 선택을 우선시합시다. 만약 그래도 견딜 수 없을 정도로 괴롭다면 일을 그만두는 수밖에 없습니다. 억울하고 아쉽겠지만 그 사람과 물리적으로 멀어지기 위해서는 방법이 없습니다.

절대로 하지 말았으면 하는 것은 **'마이너스 10의 사람과 어떻게 하면 잘 지낼 수 있을까?', '내가 바뀌면 관계가 좋아질 수 있을지도?'와 같은 생각에 힘을 쏟는 것**입니다. 특히 우울증인 사람은 '내 노력으로 어떻게든 되겠지', '관계가 좋아지지 못한 건 내 탓'이라고 생각해 버리는 사람이 많은데, 상대방이 존재하는 한 한쪽의 일방적인 노력으로 어떻게든 될 수 있는 게 아닙니다.

기본적으로 사람과 사람 사이의 어울림은 컨트롤할 수 없습니다. 우정이나 연애조차 잘 풀리지 않는데, 하물며 일에서 모든 사람과 잘 맞을 리가 없지요. 맞지 않는 사람에 대한 자기 나름의 대처법을 찾고, 맞는 사람은 온 마음을 다해 소중히 여기면 됩니다.

 '관계가 좋아지는 방법'이 아니라, '대처법'을 익힌다.

33

'싫다'고 말하는
연습을 한다

필요할 때 말할 수 있도록,
농담으로라도 평소부터 입으로 내뱉어 본다

우울증에 걸리는 사람을 보면 성실하고 책임감이 강한 분들이 많습니다. 이런 타입의 사람이 끌어안기 쉬운 고민중 하나가 **'다른 사람의 부탁을 거절할 수 없다'**는 것입니다.

오히려 고민이라는 생각조차 하지 못한 채 다른 사람의 부탁을 계속 받아들이다가, 문득 깨달았을 때는 '약속 불이행→우울증 발병'과 같은 흐름이 된다고 해야 맞을까요.

무언가 부탁을 받고 거절하는 데는 심리적인 부담이 크게 작용합니다. '미움받게 되면 어떡하지', '모처럼 나한테 기대해서 말을 걸어 줬는데, 거절하기는 미안한데', 그리고 '거절하는 부담'과 '받아들이는 부담'을 저울질하다가 '받아들이는 부담' 쪽을 선택하는 것입니다. 그 시점에는 조금 참고 견뎌야 하더라도 그냥 하는 쪽이 편하고 빠르다고 생각할 수 있지만, 이 (얼핏 보면 작아 보이는) 부담이 점점 쌓이면 눈 깜짝할 사이에 펑크에 다다르게 됩니다.

사실 부탁하는 쪽은 대부분 '어떻게든 꼭 당신이 해

줬으면 좋겠다'라고는 생각하지 않습니다. '(누구라도 좋으니, 가까이 있었던) 당신', '(언제든 들어주니까, 이번에도 거절하지 않을) 당신'에게 부탁하는 것뿐입니다. 부탁하는 쪽이 적당히 부탁하고 있는 거라면 당연히 거절하는 쪽도 적당히 거절하면 됩니다.

참고로 **'싫습니다'의 최상급은 '회사 그만두겠습니다'**입니다. 그래서 다들 병에 걸릴 때까지 계속 일하게 됩니다. 이 지경이니 비용을 내면 싫다는 말을 대신 해주는 '퇴직 대행' 서비스도 생긴 게 아닐까요. 사실 회사 입장에서는 당신이 아니더라도 누구든 괜찮은데 말이죠.

싫다고 말할 수 있으려면 작은 부분에서부터 거절하는 훈련을 계속해 봐야 합니다. 싫지 않더라도 싫다고 말하는 연습을 하는 것입니다. 예를 들면 다음과 같은 식입니다.

- **아르바이트에서 "스케줄표에 공석이 생겼는데, 이번에도 좀 도와줘." "싫습니다.(웃음)"**
- **친구의 하소연을 들어 주게 되었을 때, "다음에 또**

얘기 들어 줘." "싫은데(웃음), 적당히 좀 하자."

이렇게 농담이라도 말로 해 보는 것이 중요합니다.

한 번도 공을 던져 보지 못한 사람이 갑자기 실전 마운드에서 던질 수 없듯이, 평소에 싫다고 말하지 못하는 사람이 갑자기 싫어하는 상사 앞에서 말할 수 있을 리가 없겠죠. 무엇을 하든지 연습과 각오가 필요합니다.

현실 세계 친구나 지인에게 말하기 어렵다면 **SNS가 연습의 무대로서는 최적입니다.** 본 적도 없고 알지도 못하는 사람이 DM 등으로 보내는 '○○를 부탁드려도 될까요?'와 같은 의뢰에 '싫습니다. 무리예요.' 하고 딱 잘라서 거절해 봅니다. 만난 적도 없는 사람이니 뒤탈도 없습니다.

익명으로 하는 통화 앱도 괜찮겠죠. 대화 중에 "싫습니다."를 말할 타이밍을 찾아봅니다. 관심 없는 애니메이션 이야기가 나온다면 "그 얘기, 잘 모르는 내용이라 별론데. 관심 없어요." 하고 의사 표현을 할 기회입니다.

우울증에서 빠져나와 사회로 복귀하려 했을 당시, 아르바이트 면접에서 "주 2회로 하고 싶습니다."라고 말하면 꼭 "주 2~3일은 가능해요?"라는 말을 들었습니다. 거절의 효과를 알게 된 저는 "불가능합니다. 주 2회로 부탁드립니다." 하고 딱 잘라 말했습니다. 그뿐만 아니라 "저, 못 나오는 날도 있을 수 있어요."라는 말까지 했습니다. 그런 제 특성을 알고서도 채용해 준 당시의 직장에는 정말 감사하는 마음입니다.

싫다고 말하는 것의 허들이 너무 높게 느껴진다면 가게에서 점원이 말을 걸려고 할 때 "그냥 보는 거예요."라고 말하고, 음식점에서 기간 한정 메뉴를 추천받더라도 휩쓸리지 않는 정도 선부터 시작해서 '감정의 미아'에서 벗어나 봅시다.

 그냥 받아들이는 게 편한 경우라도, 정말 싫으면 싫다고 말하자.

34

싫어하는 사람을
머릿속에서 쫓아낸다

'한가함'은 천적,
고민되는 일 이외에 시간을 할애한다

퇴근 후에도 집에서 계속 일과 관련된 고민을 하거나 싫어하는 사람을 머릿속에 계속 생각하지는 않나요? 이는 위험한 징조입니다.

저도 우울증의 재발을 반복하던 시기에는 늘 그런 상태였습니다. 컨디션이 안 좋아지면 집에 돌아간 후, 또는 쉬는 날에도 내가 저질렀던 실수나 싫어하는 상사에 대해 계속 생각하곤 했습니다. 그러고 있는 동안에 휴일은 다 지나가고 다음 날 출근하기가 점점 싫어지면서 아침에 일어날 수 없게 되어 우울증이 발병하는 패턴의 반복이었습니다.

왜 그렇게 되어 버리는 걸까요. **답은 간단합니다. '한가하니까'**. 그도 그럴 것이, 퇴근 후 데이트 약속이 있다면 그런 생각을 하고 있을 때가 아니겠죠. 고민하는 문제에 대해 우물쭈물 생각하고 싶지 않다면 머릿속에 그 문제를 쫓아낼 정도의 강력한 사고를 집어넣으면 됩니다.

데이트뿐만 아니라 뭐든 좋습니다. 마음이 잘 맞는 친구를 만난다거나, 좋아하는 게임을 한다거나, 쇼핑하러 가서 좋아하는 물건을 산다거나, 뭐라도 좋으니 어쨌든 일정을 만들어서 생각할 시간을 줄입시다.

온·오프 시간의 100퍼센트를 고민이 지배하게 하는 것은 절대 피해야 합니다. 기분이 좋아질 만한 일정을 만들고, 거기에 자신의 시간을 배분하는 건 그것만으로 데미지 컷의 효과가 있습니다.

제 경우에는 배팅 센터에 가거나 SNS에 글을 쓰거나 연애 상담을 하거나 합니다. '일 이외'의 즐거움을 발견하면 자기 안에 있는 '일의 스트레스'의 비중은 점점 작아져서 거의 '없는 것'으로 취급할 수 있게 됩니다. 일정을 계속 잡는 것이 지친다면 집에서도 할 수 있는 대처법을 생각해 봅시다.

저는 최근 보이스 트레이닝을 받으러 다니기 시작했습니다. 거기서 배운 내용인데, 성우들은 코와 입으로 동시에 숨을 내뱉는다고 합니다. 집에서 이 호흡법을 연습하다 보면 눈 깜짝할 사이에 30분, 1시간이 훌쩍 지나갑니다. 무엇보다도 호흡에 집중하면 머릿속이 무無의 상태가 되어 싫은 것에 대해 생각하지 않을 수 있습니다.

이렇게 호흡법이라도 좋고 물리적으로 몸을 움직여도 좋습니다. 요가나 명상으로도 비슷한 효과를 얻을 수 있다고 합니다. 어쨌든 **머릿속에서 스트레스가 차지하는**

비중을 1%라도 줄이려는 노력을 하고, 그것을 실현하는 자기 나름의 방법을 손에 넣는 것이 중요합니다.

좋아하는 아이돌이나 애니메이션 캐릭터, 가족사진을 스마트폰 바탕화면으로 해 둔 사람은 스마트폰을 쓸 때마다 그 사진을 보며 '좋았어, 힘내 보자!' 하고 기합을 넣기도 하고 위로를 받기도 한다고 합니다. 바탕화면으로 해 둔 대상을 소중하게 생각하고 그 대상을 떠올리는 시간도 많으니 그 모습으로 힐링하기도 하고, 의욕의 스위치가 되기도 하겠죠.

싫어하는 사람을 끊임없이 생각한다는 건 싫어하는 사람을 스마트폰 바탕화면으로 해 둔 것과 마찬가지가 아닐까요? 스마트폰을 사용하는 빈도와 비슷한 정도로 싫어하는 사람을 자주 떠올린다면 당연히 데미지는 축적될 수밖에 없습니다. 싫어하는 사람을 생각할 여유가 있다면 어떻게든 좋아하는 것, 즐거운 것, 무無가 될 수 있는 것으로 채웁시다.

 머릿속을 즐거운 것으로 가득 채우고, 싫어하는 사람이 들어올 여지를 없애자.

35

부담되지 않는 연애를 한다

'연인이라면 이래야 한다'를 버리자
편하게 응석 부릴 수 있는 사람이라면 OK

저는 〈코코나라〉에서 '우울증 남자친구의 연애 상담' 의뢰를 받고 있습니다. 여기서는 주로 우울증에 걸린 연인이 있는 여성을 대상으로 상담을 진행하는 경우가 많은데, 상담 의뢰자의 80퍼센트가 교제한 지 반년 정도 된 사람입니다.

어떤 커플이라도 초반 3개월 정도는 러브러브 모드이기 때문이겠죠. 슈퍼마리오에서 말하는 '스타', 즉 무적의 상태. 우울증인 사람도 지친 감각이 마비되면서 높은 텐션이 유지되기 때문에 연인과도 함께 즐겁게 지낼 수 있습니다.

하지만 4개월을 넘어갈 때쯤 되면 스타 상태는 끝나 버리고, 우울증을 겪는 연인은 대개 연락이 잘 안되기 시작합니다. 이는 연애 사이클과 우울증의 특징을 생각했을 때 자연스러운 현상이지만, 상대방은 아무래도 불안해집니다. 그래서 저에게 상담을 의뢰하게 되는 것입니다.

우울증을 겪는 사람이 연애를 할 때 가장 중요한 부분은 **'서로가 서로에게 응석 부릴 수 있는가'**입니다. 서로의 존재를 부담으로 느끼지 않고 '이런 상태인데도 함께 있어 줘서 감사'라고 생각할 수 있는 커플은 오래 갑니다.

또 한 가지, 이상을 낮게 두는 것도 중요합니다. 우울증인 남자친구가 상대방을 행복하게 해주고 싶다거나 외롭게 만들고 싶지 않다거나 남자니까, 여자니까 등 마음에 지나치게 부담을 가지면 잘되지 않습니다.

우울증을 겪는 연인과 사귀는 쪽도 연인이라면 이래야 한다는 이상이나 기대는 너무 갖지 않도록 합시다. **스마트폰 메시지를 보낼 때는 어쨌든 상대방이 생각을 하게 만들면 안 됩니다.** 그저 귀여운 고양이 사진을 보낸다거나 야구 경기 결과를 보낸다거나 하는 것으로도 충분한 커뮤니케이션이 됩니다. '다음에 언제 만날까?', '나에 대해 어떻게 생각해?' 등은 '압박 = 부담'이 되니 피하는 것이 좋습니다.

멘탈을 생각한다면 제대로 일어서기조차 곤란할 정도의 '밑바닥' 시기에는 연애를 하지 않는 편이 좋겠지요. 연인이 힘이 되어 준다거나 연애를 해서 플러스가 되는 부분도 많지만, 그보다는 감정의 업다운으로 지쳐 버리는 단점이 크다는 게 제 개인적인 생각입니다. 나에게 자신이 없을 때, 자기 긍정감이 낮을 때는 연애로부터 거리를 두는 편이 무난합니다.

이렇게 잘난 척하며 조언하고 있는 제 이야기를 하자면, 데이트 앱에서 만난 조울증이 있는 여성과 2년 정도 결혼 생활을 했던 시기가 있습니다.

처음 만난 건 그야말로 거의 '밑바닥'의 시기. 우울증에 대한 이해가 있는 여성이었지만 그래서 오히려 제가 회복의 방향으로 나아가기 시작해서 하고 싶은 일을 열정적으로 할 수 있게 되면 삐걱거리곤 했습니다. 다 합쳐 4년 정도의 시간을 보낸 후에야 이혼에 이르게 되었습니다. 결혼한 상태라면 헤어지는 게 좀처럼 간단치가 않습니다. 이혼이 마무리될 때까지 무척 힘들었습니다.

그렇다 하더라도 좋아하면 멈출 수 없는 게 연애죠. 우울증이라도 함께하고 싶은 사람과 있다는 심플한 원칙이라면 괜찮지 않을까 생각합니다. 사실 우울증을 겪는 사람끼리는 '같은 처지'로 서로 끌리는 케이스가 자주 있어서 만남의 기회는 많습니다. 앱 등을 통해 느슨하게 만나기 시작해 보는 것도 좋지 않을까요.

단, 독이 되기도 약이 되기도 하는 것이 연애입니다. 용법·용량은 본인에게 달려 있습니다. '독'이라는 걸 알았다면 바로 헤어져야 함을 꼭 명심해 주세요. 그럼에도 불구하고 빠질 수밖에 없는 게 사랑이긴 하지만요.

 함께 있고 싶은 상대와 낮은 이상을 가지고 연애하자.

36

본가에 가지 않아도 괜찮다

괴로워질 것 같다면
부모님은 만나지 않는다

다들 명절이나 연말연시에 부모님이 계신 본가에 내려가나요? 네, 저는 가지 않습니다. 부모님과는 어느 정도 거리를 두고 지내는데, 기본적으로 용건이 없으면 본가에는 내려가지 않습니다.

여러분은 각자 어렸을 때부터 이어져 온 부모님과의 관계성이 있을 거라 생각합니다. 제 경우는 어렸을 때도 그렇고 우울증에 걸리고 나서도 부모님 말씀을 들으면 뭐든지 따르려고 해 왔지만, 어느 하나 잘 풀리지는 않았습니다.

부모님은 지금도 제가 자격증이라도 따서 착실한 길을 가길 바라고 있습니다. 하지만 지금의 저는 다른 사람은 따라 할 수 없는 것, 예를 들면 이 책을 쓰는 일처럼 우울증을 겪었던 경험도 살리면서 나만 할 수 있는 일을 하고 싶다는 생각이기 때문에 부모님과는 생각의 차이가 큽니다.

우울증 발병 초기에는 집 문제 때문에 어쩔 수 없이 본가로 내려갔었는데, 그런 부모님과 함께 지내다 보니 감정 소모가 심했습니다. 몇 번째인가 재발했을 때는 약한 소리 하지 말라는 말을 듣기도 했습니다. 몸을 움직이기도 힘들 지경이었지만 가능하면 집에 있지 않으려고 했고, 여자친구가 생기자 도망치듯 집을 나와 혼자 살기 시작했습니다.

이처럼 거리가 있는 부모님이기는 하지만, 이러니저러니 해도 제가 너덜너덜해졌을 때나 일을 할 수 없어서 돈 때문에 곤란해졌을 때 가장 걱정해 주고 도와준 분들도 부모님입니다. 그러니 감사하는 마음밖에 없습니다. 실제로 말하려고 하면 쑥스럽지만 늘 고마워요.

하지만 그렇다고 해서 부모님을 꼭 뵈러 가야 하는 건 아니라고 생각합니다. 세상에는 부모님을 찾아뵙거나 연락하는 빈도를 정해 두고, 스스로 그 의무를 지키려고 하는 사람이 너무 많은 듯합니다.

그렇게 자기가 정한 룰에 따라 본가에 내려가서 "생활은 제대로 하고 있는 거야?", "남자친구/여자친구는 있어?", "결혼은 언제 할 거야?", "아이는 아직이야?"와 같은 말을 듣고(또는 빙빙 돌려서 추궁당해) 피폐해집니다. '코로나19로 고향에 내려가지 못했는데, 오히려 마음이 놓였다.'는 인터뷰가 실린 기사를 본 적이 있는데, 그런 생각까지 하면서 굳이 본가에 내려가는 게 대체 무슨 의미가 있나 싶습니다.

물론 본가에 내려가면 즐겁고, 괴로워질 일이 없는 사람은 적극적으로 부모님 얼굴을 보러 가면 되겠죠. 하지만 본가에 가면 괴로워지는 사람이라면 무리하지 않아도 괜찮습니다.

마음이 편치 않은 전장에 굳이 나설 필요는 없습니다. 관계하지 않는 방법으로 마음의 안정을 지킬 수 있다면 그보다 중요한 것은 없습니다.

부모님은 부모이기 때문에 늘 관심을 가지고 다가와 주기는 하지만, 어느 정도 성장한 자녀의 문제를 수습하기란 불가능합니다. 부모님의 말을 따랐다가 실패하더라도 자신의 인생을 부모님이 책임질 수는 없다는 말입니다. 이는 부모님 말대로 진학하고, 유학하고, 사회 복귀도 했지만 결국 부모님이 바라는 대로는 될 수 없었던 제가 실제 경험을 통해 느낀 바입니다.

이건 어쩌면 부모님만의 이야기가 아닐지도 모릅니

다. 부부든, 형제든, 연인이든, 친구든, 마지막까지 책임져 줄 사람은 없습니다. **결국 우리는 누구나 혼자이고, 자신에 대한 책임은 자신이 져야 합니다.**

그렇게 생각하면 본가에 내려갈지 말지에 한해서가 아니라, 누구를 만날지 어떻게 행동할지 등 모든 건 자신의 감각을 우선시해서 결정하면 됩니다.

 명절은 마음 편한 곳에서, 하고 싶은 대로 하며 보내자.

37

친구는 필요 없다

우울증인 사람의 인간관계는
이해타산을 따져도 OK

저는 친구가 거의 없습니다. 함께 있으면 스트레스를 느끼는 사람, 생산성이 없는 사람, '목소리가 싫다'와 같이 생리적으로 받아들이기 힘든 사람 등 자신에게 악영향을 주는 사람과는 사귀지 않기로 정하고 지내다 보니 이렇게 되었습니다.

어쩌면 친구 관계에 이해타산을 따지는 거냐고, 냉정한 인간으로 비칠지도 모르겠네요. 말 그대로 **저는 저에게 플러스가 되는 사람만 사귑니다.** 하지만 우울증이니 괜찮습니다. 제가 회복하는 데 있어 플러스가 되는 사람하고만 연락합니다.

반대로 '같이 있어도 왠지 지치지 않네.', '마음 편하네.', '무리하지 않아도 괜찮네.' 하고 관계성이 지켜질 것 같은 사람에게는 제 쪽에서 먼저 적극적으로 다가가는 경우도 있습니다. 이렇게 제 쪽에서 '친해지고 싶다'고 생각하는 건 아주 드문 케이스이긴 합니다. 대부분의 경우는 '이 사람과 가까워지면 위험해'를 감지하는 안테나를 높이 세우고 있습니다.

예를 들어 트위터에서 내세우고 있는 삶의 모토와 언행이 뒤죽박죽인 심지가 없는 사람은 저에게 해가 되지는 않는다고 해도 접근하지 않도록 하고 있습니다. 생각과 말이 다른 사람은 언젠가 상처를 줄 가능성이 있다고 생각하기 때문입니다. 대체로 의사소통하는 데 노력이 필요한 '커뮤니케이션 비용이 높은 사람'은 철저히 피하는 편이 좋겠죠.

한편, 적극적으로 사귀고 싶다는 생각이 드는 사람은 다음과 같습니다.

- **감정 기복이 적은 사람**
- **대화할 때 피곤해지지 않는 사람**
- **공기 같은 사람**
- **서로 좋은 자극을 주는 사람**
- **공격하지 않는 사람**
- **위화감 없는 사람**
- **착취하지 않는 사람**

이런 사람을 좀처럼 만나기는 쉽지 않지만, 그래서 만났을 때는 기쁨도 배가 됩니다. 그런 사람을 만나면 꼭 제가 먼저 말을 걸려고 하고 있습니다.

저는 성인이 된 이후에 사귄 친구뿐만 아니라 학창 시절부터 관계가 이어져 온 친구도 없습니다. 영혼의 친구, 평생 친구 같은 건 환상이라고 생각합니다.

이렇듯 저에게는 절친은커녕 친구라고 부를 만한 존재조차 없지만, 현실이나 SNS에서 어떤 식으로든 이어져 비슷한 가치관으로 마음 편히 지낼 수 있는 존재가 몇 명 있습니다. 그리고 그런 사람들은 세월이 흐르면서 바뀌기도 합니다. 그때 마음이 잘 맞았다거나 상황이 맞아떨어지거나 해서 알게 된 사람과 가끔 만나서 이야기 나누는 정도의 관계성으로도 충분합니다. 저 역시 상대방에게 그 정도의 존재로 여겨져도 괜찮습니다.

친구란 우연히 같은 반이라서 같은 동아리 활동을 해서 같은 회사니까, 하는 게 전부인 집단입니다. 그 관계성에 얽매인 만남이 정말 즐거울까요? 저는 그저 그때 엮이고 싶은 사람과 엮이면 그걸로 충분합니다.

친구에게 '길게 가는 관계'를 바라지 않는다. 그때 마음 맞는 사람과 잘 지내면 충분.

38

나홀로 반성회를 연다

'즉시 되돌아보기'로
머릿속 답답함을 제거한다

멘탈에 관한 조언으로 지나간 일은 신경 쓰지 말라는 말을 자주 듣습니다. 의외라고 생각할지 모르지만, 저는 반성은 하는 편이 좋다고 생각합니다.

제가 추천하는 방법은 '즉시 되돌아보기'입니다. 하루 일과를 마치고 종합적으로 반성하는 것도 좋지만, 더 짧은 간격으로 일정별 반성회를 엽니다. '모임이 끝나면', '아르바이트가 끝나면' 하고, 작은 단위로 되돌아보는 것입니다. 이런 식으로 '이 부분은 좋았어.', '이건 이렇게 말했으면 더 좋았겠네.' 하고 정리하면 머릿속이 텅 비어 답답함이 사라집니다. 바로바로 반성의 시간을 가짐으로써 답답함을 쭉 안고 가게 되는 사태를 예방하는 것입니다.

그 결과 생각의 총량이 줄어듭니다. **문제에 대해서는 일찌감치 응급처치하는 것이 핵심입니다. 어쨌든 상처를 소독하는 이미지**랄까요. 상처가 악화되면 딱지도 깨끗하게 질 수 없으니까요. 머릿속에 있는 '생각해야만 하는 것'을 제거하는 '즉시 되돌아보기'는 적은 양의 에너지로 살아가기 위한 테크닉의 하나라고 할 수 있습니다. 머릿속을 깨끗한 상태로 유지하는 것은 지치지 않기 위한 기본 중의 기본입니다.

반성을 거듭해서 아무리 삭제하려고 해 봐도 머릿속에서 지워지지 않는다는 사람도 있을 테죠. '내가 더 열심히 하는데, 왜 그 사람이 더 좋은 평가를 받는 걸까', '비슷한 처지인데 왜 그 녀석만 잘나가는 걸까'. 그 원인을 분석해 보면 '시기'라는 감정 때문입니다.

SNS 시대가 되면서 이러한 '시기 = 질투'가 압도적으로 늘어난 듯합니다. '왜 저 사람은 팔로워가 늘어난 거지', '내가 게시물도 더 많이 올리는데, 왜 팔로워는 늘지 않는 거야' 하고 말이죠. SNS를 진지하게 하면 할수록 어둠의 감정이 싹트게 됩니다.

해결책은 이 **질투라는 감정의 근원이 된 존재를 연구 대상으로 삼는 것**입니다. '많은 사람들이 이 사람을 지지하는 건 어떤 부분 때문일까' 하고 어디까지나 냉정하게, 논리적으로 분석하는 것입니다. 이렇게 사고하면 기준이 세워집니다. 예를 들어 보겠습니다.

- 왜 저 녀석은 여자친구랑 잘되고 있는 거지?
  × 분하다, 빨리 헤어져 버렸으면 좋겠다.
  ○ 둘이 취미가 같은 듯하던데 나도 취미 활동으

로 여자친구를 만날 수 있게 움직여 보자.
- 어떻게 저 녀석은 취직이 된 거지?

  × 교활한 놈, 선수 친 거야.

  ○ 지인이 소개해 준 것 같던데 나도 부탁해 보자.

어떤가요? ×의 대답을 보면 다른 사람의 발목을 잡으려고 하는 '그냥 싫은 놈'일 뿐입니다. 그저 질투하고 있는 것으로, 거기에서 한 걸음도 나아갈 수 없겠죠.

반면 ○는 질투의 대상에 대한 분석 결과를 자신에게 적용하려고 하고 있습니다. 미워하는 에너지는 아무것도 만들어 내지 못하지만, 사고 회로를 조금만 바꿔도 모든 것을 얻을 수 있는 것입니다.

이런 식으로 생각할 수 있게 되면 감정을 소모할 일이 없어집니다. 더 나아가 이 세상 모든 사람이 이렇게 생각할 수 있다면 세계 곳곳에서 일어나는 싸움은 다 사라질 텐데, 꽤 진지하게 생각해 봅니다.

 질투 대상을 연구 대상으로 보고 분석하자.

5단계

일

39

주 2일 아르바이트로 연명한다

강약을 확실히 조절하면서
주 2일 즐겁게 일하는 비결

대학교 2학년 가을, 시야를 넓히고 오라는 부모님의 말씀에 따라 다음 봄 방학 때 시드니로 유학을 떠났습니다. 그곳에서 목표를 가지고 공부에 매진하는 3·40대 성인들을 주변에서 접하고서 '나도 지금보다 좀 더 빛날 수 있지 않을까?' 하는 동기 부여와 함께 귀국했습니다.

3학년이 되어 취업 활동을 시작했을 무렵에는 이른바 자기주도형 캐릭터 변신. 100개가 넘는 기업의 취업 설명회에 참가했고, 20개 정도 기업의 인턴십 프로그램에 참여했습니다. 그 후 취업 준비생을 대상으로 세미나를 제공하는 작은 회사를 알게 되었고, '운명적인 만남' 같은 걸 느껴 대표와 직접 담판을 지은 끝에 입사. 조금이라도 빨리 일하고 싶었기에 대학을 휴학하고 상경해서 정규직으로 일하기 시작했습니다.

어쨌든 빨리 한 사람 몫을 하고 싶어서 오로지 일에만 열중했습니다. 하루 15시간은 일했는데, 아무도 없는 사무실에서 세미나 진행을 위한 토크 연습을 하곤 했습니다. 그리고 젊은 날에 역경을 뚫고 성공한 기업가들처럼 되려면 어떻게 해야 하지?'라면서, 그들보다 더 많이 자면 안 된다는 생각에 빠져 있었습니다. 지금 생각하면 분명 무리를 하고 있었던 겁니다. 5개월이 지났을 무렵, 우울증에 걸리고 말았습니다.

사택을 떠나 본가로 내려간 저는 '**휴양→회복, 일을 시작한다→우울증 재발**'의 사이클을 오랜 기간에 걸쳐 **반복**하게 되었습니다.

저는 회복될 때마다 일을 찾았습니다. 인터넷 가입을 권유하는 텔레마케팅 아르바이트는 주 5일 근무였는데, 너무 열심히 일했더니 우울증이 재발했습니다. 다음으로 근무한 파친코에서는 정사원이 되기는 했지만 4개월 만에 다리가 후들거리는 상태가 되어 버렸고, 나를 가장 잘 이해해 준다고 생각한 상사에게서 약한 소리 하지 말라는 말을 듣는 바람에 퇴사했습니다.

그래서 '주 3~4일 정도면 무리하지 않고 일할 수 있지 않을까?' 하는 생각에 작전을 변경했고, 다른 파친코에서 다시 일하기 시작했지만 5개월 만에 재발했습니다. 다리가 후들거리기 전에 "무리인 것 같습니다. 그만두겠습니다."라고 제가 먼저 말할 수 있었던 게 그나마 약간의 발전이라고 할 수도 있겠네요.

그리고 마침내 주 2일 근무하고 5일 쉬는 방식을 택하게 되었습니다. 휴대전화 매장의 아르바이트를 시작해 주말 이틀만 일하고 13~16만 엔을 벌었습니다. 다만 반대로 말하면 그만큼 일은 고되었던 게 사실입니다. 시간이 지날수록 주말 이틀 일을 하고 나면 월요일부터 목요일까지는 다운 상태였다가 금요일이 되어 겨우 부활하는 식의 생활이 되었고, 하루 12시간은 잤던 것 같습니다.

몸 컨디션은 순식간에 악화되었습니다. 세상 사람들과는 반대로 주 2일밖에 일하지 않는데 도대체 왜……, 라며 자책했습니다. **'이런 생활로도 무리라면, 나는 더 이상 아무것도 할 수 없는 거 아닌가?'** 하고 절망해서 자살을 생각하게 된 것이 이 무렵의 일입니다.

자살 미수를 거쳐 '남은 인생, 즐겁게 살자'고 심기일전한 저는 아르바이트 면접을 볼 때면 "저는 일 못 나오는 날도 있을 수 있는데요."라고 분명하게 말했습니다. 그럼에도 불구하고 채용해 준 파친코에서는 즐겁게 일할 수 있었습니다. 근무는 한 달에 15일 정도.

다른 사람이 어떻게 생각하든 상관없다는 생각으로 일한 것, 그리고 온·오프를 확실하게 구분할 수 있었던 게 좋지 않았나 생각합니다. 첫 회사에 취업했을 때로부터 6년 정도 지났는데, 일이 즐겁다고 느낄 수 있었던 건 처음이었습니다.

지금은 주말 이틀은 행사 스태프 아르바이트를 꾸준히 하면서 집필이나 상담을 하고, 또 트위터를 통해 소개받은 일을 조금씩 하기도 합니다. 이러한 일들로 어떻게든 일반적인 직장인 정도의 수입을 확보하고 있는 상황입니다.

한 가지 일에 의존하지 않고 복수의 수입원을 갖는 건 추천합니다. '여기가 아니라도 좋아'라는 생각을 가지고 있으면 우울증에 걸릴 정도까지 스스로를 몰아붙일 일은 없습니다.

'주 5일'은 필수가 아니다, 내가 즐겁게 일할 수 있는 '나만의 속도'를 찾아내자.

40

복수의 수입원을 가진다

수입원도 인간관계도,
하나에 의존하는 것은 위험하다

수입원에 대해 조금 더 자세히 이야기해 보려 합니다. 현재 저는 여러 가지 일에 발을 걸치고 있는 상태입니다. 수입 면에서도 메리트가 있지만, **'여차하면 언제든 그만둘 수 있다'는 점이 저로서는 정말 마음 편합니다.** 여기가 잘 맞지 않더라도 다른 데가 있다고 생각하면 스스로를 억누르지 않고 일할 수 있습니다.

책에 이런 이야기를 쓰면 윗분들께 혼날지도 모르지만, 사실 저는 지금도 최악의 경우에는 죽으면 그만이라고 생각합니다. 무책임한 태도로 들릴 수도 있겠지만 이건 마음의 보험, 마음의 부적 같은 것입니다. 죽는 건 싫으니까 데이트 앱에서 연상의 여성을 꼬셔서 '선수'가 되어 보는 건 어떨까 하는 생각을 할 때도 있습니다.

솔직히 말하면 돈에 대해서는 생각을 해 봐야 소용이 없기 때문에 가능한 한 생각하지 않으려고 합니다. 저축 계획을 노트에 적어 보거나 하루하루 수입과 지출을 상세히 적어 두던 시기도 있었지만, 잘 생각해 보면 그런 시간은 돈 한 푼 만들어 내지 않습니다. 그럴 시간이 있으면 일일 아르바이트 건을 하나라도 더 찾아보는 편이 좋겠다는 생각으로 일해 온 결과, 현재의 안정된 '복수의 수입원'을 확보할 수 있게 되었습니다.

 마음속에 **'최악'이라는 부적을 지니고, 우울증인 내가 '지금 할 수 있는 일'을 긁어모으는 것**. 이것이 좋은 전략이지 않았나 싶습니다. 한 가지만으로 충분한 수입과 성취감을 얻을 수 있는 최상의 일을 목표로 해야 하는 것은 결코 아닙니다.

 대체로 수입원도 그렇고 인간관계도 그렇고, 하나에 의존한다는 건 힘든 법입니다. 의존하고 있을 때는 좋을지 몰라도 어떠한 계기로 의존하기 어려워지면 큰 문제가 됩니다.

 부끄럽지만 사실 저는 '로맨스 사기'에 걸려든 적이 있습니다. 앱에서 알게 된 중국인 여성과 부담 없이 말이 잘 통했고, 반년 정도 메신저 앱으로 실없는 대화를 나누며 즐기던 중에 투자를 권유받았는데, 사기라면 교류하는 데 이렇게까지 시간을 들일 리가 없다는 생각에 할아버지의 유산과 소비자금융으로 대출받은 돈 약 300만 엔을 집어넣었습니다. 그다음은 짐작대로 갑자기 연락이 끊기면서 디 엔드. 대출금은 부모님이 대신 떠맡아 주었습니다(눈물을 흘리며 석고대죄했습니다). 이 사건은 투자에 성공해서 인생 역전하면 도망칠 수 있을 거라 생각한 저 자신에게 **'돈을 소중히 여기자.', '올바른 방향으로 노력하자.'는 교훈**을 주었습니다.

여기서 다시 한번 '동네 사람 A'를 등장시켜 볼까요. 조연인 그들은 무언가에 의존하거나 하지 않고 화면 속에서 자유롭게 살아가고 있다는 생각이 들지 않나요?

어디까지나 자기 마음대로, 마을 안에서 일일 알바 같은 일을 하면서 생각하던 일이 없으면 옆 마을로 옮겨가는, 그 정도의 가벼움으로 괜찮습니다.

애초에 돈을 많이 버는 일도 필요 없고 멋진 집에 살 필요도 없습니다. '저 사람이 잘 해줬으니까, 은혜를 갚아야지.'라든지, '신세를 졌으니 그 직장으로 다시 돌아가야 해.'라는 생각도 그만둡시다. 성공 스토리나 눈물샘을 자극하는 스토리는 주인공에게 맡기고 **어디까지나 부담 없이 가볍게 '할 수 있는 걸 한다'**. 이러한 결단력이 수입도 자연스럽게 늘려줄 거라 확신합니다.

 일일 알바를 하면서 작은 일을 긁어모으자.

41

내가 할 수 있는 범위 내에서
일을 선택한다

무리하지 않고 즐겁게 일하기 위한
주 2일 아르바이트 + 물물 교환

제가 지금 메인으로 하는 일은 행사 스태프입니다. 아르바이트 형태로 주 2회 일하고 있습니다. 한가한 날에 일회성 파견 일을 가기도 합니다. 최근에는 꽃미남 아이돌의 매니저 비슷한 일을 시작했습니다. 라이브 공연장에서 손님들을 안내하거나, 팬과 함께 사진을 찍어 주거나 하는 일입니다. 지인의 소개로 시작한 일인데, 이야기를 들은 순간 '재미있겠다!' 하는 생각에 신났던 기억이 있습니다. 이건 일이라기보다는 놀러 가는 느낌이랄까요. "포토타임 할 때 2시간만 와 줘!" 하고 요청이 오면 기쁜 마음으로 갑니다.

그리고 제가 우울증의 밑바닥에서 위로 떠오를 수 있는 계기가 된 온라인 연애상담은 시작한 지 2년이 지났는데, 지금도 상담 의뢰가 들어옵니다.

언제부턴가는 트위터 컨설턴트 일도 들어오게 되었습니다. 전략을 짜고, '이런 게시물을 올리면 좋아요.' 하고 첨삭을 합니다. 고객은 대부분 개인인 경우가 많지만, 기업에서 의뢰가 올 때도 있습니다. 또 기사 집필 의뢰도 늘어나기 시작했습니다.

이렇게 말하면 '오, 꽤 바쁜 거 아니야?'라고 생각할지 모르지만, 전혀 무리는 하고 있지 않습니다.

분명 보통 사회생활을 하는 사람들처럼 딱 정해진 휴일은 없지만, **기본적으로 스케줄은 모두 '나(의 기분)에 따라'**. 일 관련 메시지나 상담 의뢰에 대해서도 '답장하고 싶을 때 답장한다'가 모토입니다. 다만 긴급할 건일 때는 가능한 한 즉시 회신하려고 노력합니다. 위기 상황 알림이 뜨면 아드레날린이 솟는 타입의 인간이기는 하지만, 기본적으로는 제 상태가 좋을 때 답장합니다.

마음이 내키지 않는 조건은 확실하게 거절하고, "나중으로 미뤄 주세요." 하고 부탁할 때도 있습니다.

그리고 일에 대한 보수는 눈에 보이는 돈으로 받는 것으로 한정하지는 않습니다.

〈코코나라〉의 상담 의뢰는 현재 한 건에 5,000엔을 받고 있지만, 그 외에도 "라인 앱에서 이야기를 좀 들어 줬으면 해요!"와 같은 요청에 응하고 몇천 엔 정도 받기도 하고, 나중에 밥을 얻어먹기도 합니다. 트위터 게시물을 하나 만들고 스타벅스의 기프트카드를 받는 경우도 있습니다. **내가 잘하는 것을 제공하고 보상으로 물건을 받는,** 말하자면 현대의 물물교환이라고나 할까요.

이렇게 작은 일을 차곡차곡 쌓고, 여기에 메인의 아르바이트를 더해서 착실한 생활이 이루어질 수 있게 되었습니다.

우울증 회복을 목표로 하던 시기, 초조해하던 저는 제대로 된 아르바이트를 시작하기만 하면 힘이 들어서 우울증이 재발하는 상황을 몇 번이나 반복했습니다. 어렸을 때 봤던 일하는 부모님의 모습, 또 취업 활동을 거쳐 입사한 회사에서 했던 사회인으로서의 경험 등을 바탕으로 '일한다 = 어딘가 회사에 들어가서 주 5일 착실히 출근한다'는 이미지가 박혀 있었던 것입니다.

하지만 과연 어떨까요. 현재 정해진 직장에 출근하는 것은 주 2회뿐. 나머지는 들어온 의뢰에 마음 내킬 때 대응하는 것뿐입니다. 그중에서 꽃미남 아이돌의 매니저처럼 고정적인 일이 되는 경우도 있고요.

그리고 의뢰는 트위터를 통해 들어오는 경우가 많은데, 그렇게 만나는 사람들은 다 재미있습니다. 주 5일, 매일 같은 회사에 다녔다면 만나지 못했을 법한 사람들

뿐입니다.

이렇게 마음 편한 생활을 하면서도 지금은 평범한 직장인과 비슷한 정도로 벌고 있다고 생각합니다. 여러 형태로 일할 수 있는 요즘 같은 세상에 채용 공고에 나와 있는 '월급 ○만 엔'에 집착할 필요는 없습니다.

 작은 일을 쌓아 올리는 것이 생활의 양식이 된다.

42

급 취소할 생각으로 일한다

매일의 스케줄은 백지.
모든 건 그날의 나에게 달렸다

앞으로 저와 함께 일하게 될지도 모르는 분에게는 미리 사과를 드립니다. 죄송합니다. 저, 갑자기 펑크내는 일이 꽤 있을지도 모릅니다.

저는 **매일의 스케줄을 온 힘을 다해 백지상태**로 해 두려고 노력하고 있습니다.

예를 들어 '10시 반에 이케부쿠로에서 만나기'라는 일정이 잡힌 경우, 저는 '10시 반에 이케부쿠로 도착'이라는 한 가지 외에는 아무것도 정해 두지 않습니다.

애초에 저는 잠자리에 들 때 다음 날 일어날 시간 같은 건 안 정합니다. 자고 싶으면 자고, 일어나고 싶으면 일어납니다. 그래서 일어난 시간에 따라 그날의 행동이 결정됩니다. 일찍 일어났다면 이케부쿠로에서 아침을 먹을 수도 있고, 졸리면 시간이 아슬아슬할 때까지 자기도 하죠.

그래서 궁극적으로는 일어난 순간에 오늘은 가고 싶지 않다는 생각이 들면 그냥 깔끔하게 급 취소하는 경우도 있습니다. 모든 건 그날 그 순간 내 기분에 따라 결정합니다. 만나기로 한 상대방에게는 정말 미안하지만,

'반드시 가야 해!'라고는 생각하지 않습니다.

볼일이 끝난 후의 행동도 마찬가지입니다. 배가 고프면 '아, 지금 이걸 먹고 싶어.' 하고 생각한 것을 먹습니다. 익숙하지 않은 동네라고 해도 음식점을 미리 조사해 보고 가거나 하는 경우는 없습니다. 길을 걷다가 괜찮겠다 싶은 가게가 있으면 3초 만에 결정합니다. 물론 집에 가고 싶으면 바로 돌아갑니다.

즉 **'쓸데없는 건 생각하지 않는다'**가 결론입니다. '모처럼 이케부쿠로에 가는 거니까, 거기에 들러서……' 하는 식으로 일정을 집어넣는 사람도 많은데, 우울증이 있는 우리에게는 부담이 너무 큽니다. '일정 마친 후에 그 집에서 밥 먹고 싶긴 한데, 런치타임은 오후 3시까지네. 그때까지 일이 끝나려나……' 하면서 실현 가능할지 어떨지 모르는 플랜에 대해 생각하는 것은 사고력 낭비, 그 이상도 이하도 아닙니다.

우울증 회복의 포인트는 생각하는 행위를 최선을 다해 줄여서 에너지의 소모를 억누르는 데 있습니다. 그러니 '일정 전후에 어딜 갈까'는 물론, '몇 시에 일어날까', '시간을 맞출 수 있을지 불안하다', '어떤 사람과 함께 일하게 될까'와 같이, 미리 생각해 봐도 소용없는 것은 모두 떨쳐 냅시다.

약속의 일시와 장소만을 머릿속에 입력해 두고 '최악의 경우 직전에 취소해도 괜찮아' 정도로 생각해 두었을 때, 의외로 시간에 맞춰 약속 장소로 출발할 수 있는 것 같기도 합니다. 참고로 저는 어떤 스케줄에 대해서도 이와 같은 태도를 취하고 있으니, 만약 저에게 급 취소를 당했다고 해도 그 사람이 만만해서 그런 건 절대 아닙니다. 어디까지나 '제가' 갈 수 있는 상태가 아니었다, 단지 이 이유일 뿐이니 충격 받지 않길 바랍니다.

그리고 이 태도를 계속 유지하다 보면 "급 취소해도 괜찮아요."라고 말해 주는 사람들과 느슨하게 연결되기 시작합니다. 그들은 늘 감사한 존재이지만, 그렇다고 해서 '그 사람을 위해서 약속을 꼭 지켜야지'라고 생각하는 것은 좋지 않습니다. 그 마음이 또 자신을 괴롭히게 될 수 있거든요.

그보다는 급 취소의 가능성을 뛰어넘을 수 있을 정도로 나를 필요로 해준다는 사실에 순수하게 감사하는 게 어떨까요. 급 취소 캐릭터를 관철하다 보면 조금씩 주변 사람들과 긴장감 없는, 마음 편한 관계성이 구축되어 갈 것입니다.

 쓸데없는 건 생각하지 말고, 가고 싶지 않으면 가지 않는 것도 가능.

43

고맙다는 말을 들으면
돈도 능력치도 쌓인다

자신의 경험이 누군가의 고민을 해결한다

2020년, 코로나19의 공포가 전 세계를 지배했습니다. 당시의 저는 회복의 기미가 보이던 상태였는데, 주 2회만 일할 수 있다고 딱 잘라 말했음에도 불구하고 채용해 준 파친코에서 2년 정도 마음 편하게 일하고 있었습니다.

하지만 코로나19 초반, 파친코는 감염에 대한 불안이 있었습니다. 또 때마침 할아버지의 유산(200만 엔 정도)을 받기도 해서 일을 그만두게 되었습니다. 그전까지는 우울증에 걸려 도망치듯이 그만둔 경우밖에 없었는데, 그때가 처음으로 발전적인 퇴직이었네요.

당시 품고 있던 생각은 개인적으로 일을 해 보고 싶다는 것이었습니다. 앞서 말한 과거로의 여행을 통해 노력의 방향성이 잘못되어 있었다고 깨달았습니다. 그래서 돈을 버는 방법을 생각하는 기준으로 **'재발하지 않는다.'**, **'체력 승부를 하지 않는다.'**라는 저만의 룰을 설정했습니다.

다양한 검토를 거쳐 다다른 결과가 〈코코나라〉였습니다. 당시는 수수료가 높아서 유명 인플루언서는 진입하지 않으리라 예상되었고, 경쟁자가 많지 않으니 기회가 있다고 생각했습니다.

 이렇게 해서 500엔이라는 가격으로 시작한 '우울증 남자친구의 연애 상담'에는 제 바람대로 많은 상담 의뢰가 들어왔습니다.

 하지만 받을 수 있는 보수보다는 누군가에게 도움이 되었다는 사실이 저에게는 더 큰 기쁨이었습니다. "이야기 들어줘서 고마워요."라는 감사의 말을 들으면, '나 같은 사람도 살아도 되는 거였어.' 하는 생각이 들었습니다.

 다른 사람의 이야기를 듣는다는 건 생각보다 지치는 일이지만, 그 피로감 이상으로 힘이 되었고 게다가 받는 보수 이상으로 많은 걸 얻을 수 있었습니다.

 그 후 유행했던 클럽하우스(특정 주제를 가지고 음성으로 대화하는 방식의 폐쇄형 SNS-옮긴이)에서는 우울증을 극복한 사람 20명 정도의 이야기를 듣기도 했습니다. 이건 무료로 진행했는데, 이야기를 들어 주면서 우울증에 대한 지식을 얻을 수 있었고 감사의 말도 들을 수 있었기에 사람들의 이야기를 들으면 들을수록 내 존재의 확신이 눈덩이처럼 점점 커졌습니다.

자신의 경험을 언어화해서 상담해 주고, 그걸로 다른 사람을 기쁘게 한다. 이러한 나선형 계단을 빙글빙글 오르다 보면 점점 건강해질 수 있습니다. 저는 이 이야기를 듣는다는 행위를 유상·무상에 관계없이 평생의 일로서 앞으로도 가늘고 길게 이어가고 싶습니다.

테크닉에 관해 이야기하자면, 연애 상담 창구를 시작하는 데 있어 '우울증 연애(남자친구)'라는 전문성을 내세운 점이 좋았던 것 같습니다. 우울증이 아닌 사람, 연애에 흥미가 없는 사람을 제외하면 가능 고객은 줄어들지만, 그만큼 니즈는 깊어집니다.

예를 들어, '우울증'이라고 한마디로 표현된다 해도 발병의 원인이나 환경 등의 요소를 세분화하면 누구든 전문성을 높일 수 있습니다. '처자식이 있으면서 우울증 투병을 한 이야기'라든지, '상사의 직장 내 괴롭힘이 원인이 되어 우울증이 발병한 경험담' 등은 이야기를 듣고 참고하고 싶은 사람도 분명 많지 않을까 생각합니다.

자신의 경험을 언어화하고 전문성을 높이고 싶다면 일단 많은 사람을 대상으로 그 내용을 전달해 봅시다. 트위터도 좋고 저처럼 온라인 상담을 시작해 봐도 좋겠죠. 처음에는 돈에 대한 목표를 정하지 말고 어디까지나 자신의 사고를 정리하기 위해 하는 것입니다. 그렇게 하면 나중에 돈도 반드시 따라옵니다.

 괴로웠던 경험담이 누군가를 웃게 하고, 자신을 건강하게 한다.

44

우울증 경험을 일로 바꾼 사람들의 이야기

'우울증 친구' 3인의 사례에서 배우는
'우울증 + 각자의 스킬'

앞서 연애 상담으로 보수 이상의 가치를 얻었다는 이야기를 했죠. 저는 이 연애 상담이나 클럽하우스 등을 통해 우울증을 겪는 많은 사람들의 이야기를 들어 왔습니다. 우울증에서 회복된 후에 원래 하던 일로 복귀한 사람도 있고, 다른 일이나 아르바이트를 시작한 사람도 있지만, 저처럼 개인적으로 일하면서 돈을 버는 사람도 사실 꽤 많습니다. 그래서 저의 '우울증 친구' 중에서 우울증을 겪었던 경험을 살려 일하고 있는 세 명을 소개하려고 합니다.

①「마나@멘탈 침구鍼灸」씨

8년에 걸쳐 우울증과 공황장애를 겪었고, 하루에 30알이나 되는 약을 먹기도 했었다는 마나 씨. 우울증이 한창 심할 때 침구 치료를 받았더니 점점 좋아졌고, 그걸 계기로 본인도 침구전문학교에 입학했습니다.

증상이 사라지고 12년이 지난 현재, '멘탈 침구 온라인 살롱#코코나라 메이드Ⓡ'를 운영하고 있습니다.

②「데라다 아야노@살기 쉬움을 디자인하다」씨

고등학생 때부터 10년 넘게 멘탈 문제로 고민해 왔다는 데라다 씨. 다양한 방법을 시도해 본 결과 깨닫게 된 것은 '진정한 의미에서 내 마음을 구할 수 있는 건 나밖에 없다'는 사실. 그래서 자신의 마음속에 여러 캐릭터를 만들고, 그들과 깊은 대화를 나누면서 회복에 이르게 되었다고 합니다.

이러한 자신의 회복 과정을 이론화한 것이 데라다 씨가 개발해서 판매하고 있는 '만화로 일기를 쓸 수 있는 만화 노트'입니다. 워크숍이나 강좌도 열정적으로 개최하면서 많은 사람들에게 깨달음을 전하고 있습니다. 이 만화 노트는 저에게도 자기이론의 참고가 되었습니다.

③「간료@'우울증 · HSP Kindle 작가'」씨

HSS형(High Sensation Seeking, 자극추구형) HSP(Highly Sensitive Person, 매우 예민한 사람)로, 직장 내 괴롭힘과 인간관계에 대한 고민으로 우울증에 걸린 간료 씨. 현재 파견 사원으로서 일하면서 자신의 우울증 경험과 그 대책을 세 권의 전자책으로 출간했습니다. 재미있는 부분은 '아침에 산책한다', '자기 전에 좋은 일 3가지를 적는다' 등 '우울증에 좋다'고 여겨지는 것들을 착실하게 루틴화해서 실천하고 있다는 점. 저는 그런 종류의 이야기에 대해서는 완전 안티라고 할 수 있는데, 너무나도 정반대여서 오히려 말이 통하는 희한한 친구입니다. 이런 치료법도 있구나 하고 존경하는 마음입니다.

세 명 다 형태는 다르지만 모두 '우울증에 걸렸던 경험 + 각자의 스킬'을 활용해 같은 고민을 하는 사람들에게 정보를 전달하고 있습니다. 한창 우울증을 앓고 있을 때도 그렇고, 회복으로 가는 여정이란 무척 괴로운 법입니다. 그래서 경험을 언어화한 이야기는 현재 진행형으로 고민 중인 사람에게 와닿을 수 있는, 강하고도 부드러운 무기가 됩니다.

누구나 얼마든지 자신의 이야기를 사람들에게 전할 수 있는 요즘 같은 시대에, 우울증에 걸렸던 경험을 꼭 숨겨야 할까요?

'우울증 경험'은 개인적으로 일하며 돈을 벌기 위한 큰 재산.

45

일의 우선순위를 생각한다

누구라도 할 수 있는 일에
전력을 쏟지 않는다

일단 우울증이 발병하면 거기서부터 다시 사회로 복귀하기까지는 매우 험난한 여정이 이어집니다. 그 가장 큰 요인은 '회복이 안 되는' 것입니다.

구체적으로 말하면 **'주 5일 일한 피로' vs '주 2일 동안 회복'**의 이미지인데, 우울증을 경험한 사람의 99%가 '피로'에 지고 있다는 생각이 듭니다.

그 결과, 회복되어 가던 도중에 재발해 버리기도 하고 컨디션이 망가져 버리기도 합니다. 일의 퍼포먼스는 올라가지 않고 주변의 시선을 견디기 힘들어집니다.

즉 **몰두해야 하는 미션은 딱 하나, 회복 쪽이 이기는 것**입니다. 일로 인한 피로보다 쉬는 날 회복하는 양이 더 많아지게 한다는 거죠.

가능하면 일하는 일수를 줄이고 쉬는 일수를 늘리기를 추천합니다. 회복에 주어지는 시간이 길면 길수록 회복의 승률은 올라가기 때문입니다.

그리고 또 한 가지, 일에 대처하는 방식을 바꿔 나갈 필요가 있습니다. 이의 제기가 나오기 전에 미리 말해 두지만, 여기서부터는 당신이 지금까지 배워온 '일에서 성과를 내는' 방법과는 정반대의 내용을 전하게 될 것입니다. 이 점에 유의해서 읽어 주세요.

먼저 **'일의 우선순위 생각하기'**입니다. 예를 들어 '업무 공간의 쓰레기 처리하기'라는 일이 있다고 합시다. 이를 '120%의 힘으로 하면 3분 만에 완료'되지만, '30%의 힘으로 하면 10분이 걸리는' 경우, 후자를 택할 수 있었으면 합니다.

왜냐하면 '쓰레기를 처리한다'는 건 누가 해도 큰 차이가 없고, 긴급한 일도 아니며, 생산적이지도 않은 일이기 때문입니다. 이러한 '경쟁 상대가 없는' 일에 전력을 쏟아붓기는 아깝습니다.

우울증에 걸리는 사람의 다수는 이러한 장면에서도 분발해서 너무 열심히 하기 쉽습니다. 솔직히 말해서 '아무래도 상관없는' 상황에서도 100%, 120%의 힘을 쏟아 버리기 때문에 심상치 않은 양의 피로가 쌓여 가는 것입니다. 이렇게 해서는 주말 동안의 휴식만으로는 회복할 수 없습니다.

반대로 이건 너무 당연한 말이지만, '실수해서는

안 될 때'는 120%의 완전한 집중력으로 업무를 해야 합니다.

그 외에는 전력으로 할 필요가 없습니다. 열심히 할 타이밍을 파악하고, 나머지는 릴랙스 모드로 '흘려보내기'. 이런 식으로 스위치 전환이 가능하면 피로가 억제되어 일을 지속하기 쉬워집니다. 지금까지 모든 일에 전력을 쏟아 왔던 사람이라면 무릎을 탁 치고 있을지도 모르겠네요.

많이들 하는 실패가 그 외의 일을 너무 열심히 하다가 메인을 소홀히 하게 되는 것입니다. 본인은 열심히 했다고 생각하지만 좋은 평가는 받지 못하는, 과거의 저야말로 그런 사람이었습니다. 처음 들어간 회사에서는 '어떻게 하면 능력 있는 사람이 될 수 있을까'만 생각하다 보니 이렇든 저렇든 상관없는 일까지 전력으로 했고, 그 결과 공회전하는 상태였습니다.

좀 더 거슬러 올라가면, 중학교 때 야구부에서 배트 스윙 연습을 매일 2시간씩 했는데도 주전 선수는 될 수 없었습니다. 지금 생각해 보면 스윙 연습 외에도 다른 필요한 훈련들이 있었을 텐데, 전략을 바탕으로 생각하지를 못했던 것 같습니다.

당신의 한정된 리소스는 꼭 열심히 해야 하는 일에만 쏟을 것. 그 외에는 당당하게 '흘려보내고' 회복하는 데 리소스를 할애합니다. 절대로 노력의 방향을 틀리지는 말아 주세요.

 열심히 할 타이밍을 찾아내고, 그 외에는 릴랙스 모드로.

46

시킨 일만 한다

'요청받은 일'만 심플하게 한다

편견일 수도 있지만, 지금 이 책을 읽고 있는 사람이라면 성실한 타입이지 않을까 생각합니다. '일을 열심히 하고 싶다', '모두에게 도움이 되고 싶다'는 생각으로 가득 찬 분들만 있는 건 아니려나요. 유감스럽지만 그 뜨거운 마음은 봉인해 주세요.

일을 시험에 비유하면, **전 과목 100점을 목표로 하지 말고 의식적으로 30점인 과목도 만들어 주세요.** 요컨대 최고의 성과를 내려고 하지 않아도 된다는 말입니다. 저 자신도 그랬기에 잘 알지만, 성실한 사람일수록 '시킨 일 + α'의 성과를 내려는 경향이 있습니다. 예를 들면 '최단 시간에 끝내야지', '실수 없이 해야지', '상사에게 부탁하지 않고 직접 해야지' 하는 식입니다.

무의식적으로 100점, 또는 그 이상의 점수를 좇아서 퀄리티를 높이기 위해 노력합니다. 그것도 모든 일에 있어서. 그렇게 되면 일을 하는 동안 계속 신경을 써야 하므로 당연히 피로가 누적되어 갑니다.

제 이야기를 해 볼까요. 우울증의 회복과 재발을 반복하던 당시, 저는 휴대전화 매장에서 일하기 시작했습니다. '무리하지 않는 범위 내에서'라는 기준으로 선택한,

토요일과 일요일, 주 2일만 근무하는 편한 아르바이트가 될 예정이었습니다. 그런데 저는 그때까지의 경력으로 쌓인 세일즈맨 정신을 발휘해 버리는 바람에 꽤 높은 판매 기록을 내게 되었습니다. 그러자 회사에서는 지금이 힘을 실어야 할 때라며 인력을 강화했습니다. 그렇게 제가 담당하던 일은 다른 사람에게 넘어갔고, 제 판매 실적은 더이상 올라가지 않게 되었습니다.

수완이 뛰어난 세일즈맨으로 다들 치켜세워 주던 날들에서 분위기는 순식간에 뒤바뀌었고, 판매 실적을 더 늘리지 않으면 곤란하다며 상사에게 지적받는 신세가 되어 버렸습니다. 마음 편한 직장은 한순간에 사라졌고, 저는 점점 어두운 밑바닥으로 가라앉기만 했습니다. 결과론이지만 이 상황은 제가 실적을 내는 바람에 벌어진 일입니다. 최소한의 평범한 실적만 클리어했으면 분명 괜찮았을 텐데, 아르바이트인데 굉장한 녀석이 왔다고 생각하게 만들고 싶어서 필요 이상의 일을 했고, 그 결과 지치고 말았습니다.

해결책은 요청받은 일만 심플하게 하는 것입니다.

그리고 그걸 클리어할 수 있게 되어 여유가 생기기 시작했다면 그때 '+α'를 추구하면 됩니다. 좀 더 이해하기 쉽게 설명하면, 복사를 해 달라고 했으면 복사만 하면 됩니다. 보기 편하게 양식을 정리할 필요는 없습니다. 뭔가 사다 달라는 부탁을 받았으면 그것만 사 오면 됩니다. 상사가 좋아할 만한 무언가를 곁들일 필요는 없다는 말입니다.

직장에서 일 잘하는 사람, 센스 있는 사람을 목표로 하는 건 그만두세요. '(치명적인) 실수는 하지 않는 사람', '시키면 하는 사람' 정도의 포지션을 노리면 피로도 잘 쌓이지 않고 삶이 편해집니다.

누구라도 갑자기 일을 완벽하게 할 수는 없고, 또 못하는 게 당연합니다. 수영도 안 해 본 사람이 갑자기 올림픽에 나갈 수는 없지 않나요. 우선은 배운 영법만 하면 됩니다. 그럼 그 회사라는 풀pool에서 익사하지 않고 살아남을 수 있을 테니까요.

 100점을 목표로 하지 않아도 된다. '+α'는 여유가 생기고 나서부터.

47

쉬는 날에는 일에 대해
생각하지 않는다

취미에 몰두해서
머리가 일 생각을 하지 못하게 한다

개인적인 시간에 회사 일을 생각하거나 하지는 않나요? '상사가 요청한 그 일, 어떻게 진행시키지?', '주초에 진행되는 미팅 준비는……?' 같은 생각을 조금이라도 하게 되면 그것만으로도 출근해 있는 것과 마찬가지입니다. 멘탈에 데미지가 있습니다.

원래는 회복을 해야 할 휴일도 근무일이 되어, **긴 연속 출근을 하고 있는 것과 같은 피로가 계속 축적**됩니다.

저도 우울증에 걸리기 전에는 깨어 있는 모든 시간에 일에 대한 것을 생각했습니다. 처음 들어간 회사에서는 주변이 다들 전문가 선배들이었는데, 그들과 비교하면 나는 아무것도 할 수 없다는 데에 초조함을 느껴 늘 긴장 상태였습니다.

혼자 신입이었던 저만 일을 잘 못한다고 혼나고, 성과를 내라며 질책받았습니다. 지금 생각해 보면, 직전까지만 해도 대학생이었으니 일을 잘 못하는 건 당연한데 말이죠. 직원 5명의 작은 회사(그 점에 매력을 느껴 들어간 거였지만)였기 때문에 당연히 충분한 신입사원 연수도 없었습니다. 그런데도 실수를 하면 자책하고, 쉬는 날에도 만회할 방법만 계속 생각했습니다.

즉 뇌가 쉬는 날 없이 내내 풀가동되고 있었던 것입니다. 일을 시작하고 3개월 정도 지나자, 이상하게 부정적으로 사고하는 날이 늘어나기 시작했습니다. 그리고 말도 안 되는 평범한 실수를 연발하고, 하고 싶은 말도 제대로 할 수 없는 상태가 되었습니다. 그러자 '실수한다→혼난다→긴장해서 더 실수한다'의 악순환에 빠져 버렸습니다. 몸의 컨디션은 눈에 띌 정도로 계속 악화되었고, 결국 우울증 증상이 나타나고 말았습니다.

그 후에는 회복과 재발을 몇 번인가 반복했습니다. 되돌아보면, 재발하기 전에는 확실히 쉬는 날에도 일에 대한 생각만 가득했던 것 같습니다. 편한 아르바이트를 할 생각으로 일하기 시작했음에도 불구하고 어느샌가 일에 대한 생각이 머릿속에서 떠나지 않게 되었습니다. 바쁜 시기의 직장 풍경이나 클레임을 쏟아 내던 손님, 미친 듯이 화를 내며 나를 질책하는 상사의 얼굴이 계속 머릿속에 떠오르곤 했습니다.

그래서 언제부턴가 의식적으로 일에 대해 아무것도

생각하지 않고, 애니메이션, 유튜브, 게임, 배팅 센터에 몰두하기로 했습니다. 그야말로 시간이 녹아버릴 정도로 말이죠.

조금이라도 일이 머릿속 한구석으로 비집고 들어오려고 하면, 바로 텔레비전을 켜고 애니메이션을 보거나 배팅 센터로 달려가서 아무 생각도 하지 않고 배트를 휘두르는 데만 몰두합니다. 그런 식으로 물리적으로 시간을 채워서 일에 대한 생각을 머릿속에서 쫓아내는 것입니다.

그렇게 했더니 스스로도 놀랄 정도로 지치지 않게 되었습니다. 그리고 일에 대해 생각하는 시간이 줄어들었다고 해서 일의 퍼포먼스가 떨어지는 일은 없었습니다. 오히려 휴일에 체력을 제대로 회복할 수 있게 되면서 퍼포먼스가 향상되었을 정도입니다. 그만큼 '일 모드'와 '휴일 모드'의 전환은 중요합니다.

익숙해지기 전까지는 어떻게 해도 일 생각을 하게 되는지도 모릅니다. 그때는 '악귀야 물러가라!' 하고 다른 걸 생각하도록 합시다. 가능하면 강제적으로 일 생각을 할 수 없게 만들 만한, 어쨌든 몰두할 수 있는 취미가 있다면 베스트. 취미는 당신의 인생을 풍요롭게 만들어 주는 동시에 우울증 회복의 길로 인도해 줍니다.

의식적으로 온·오프의 전환을. 일에 대해서는 출근해서 생각하자.

48

컨디션을 조절하려고
하지 않는다

이상하다고 인식하지 않으면
오히려 컨디션을 유지할 수 있다

우울증이라면 많이들 공감할 것 같은데, '내일은 반드시 열심히 해야 해.' 하는 날은 꼭 컨디션이 무너져 버리곤 하죠. 저도 그런 날일수록 좀처럼 잠들지 못한다거나, 숙면을 취하지 못한다거나 합니다.

그 원인은 바로, '컨디션을 관리해야지'라고 생각하기 때문입니다. 예를 들면 좋아하는 아이를 오히려 괴롭히게 되는 것과 마찬가지입니다. 의식하면 할수록 반대의 행동을 해 버립니다. 그리고 바라지 않는 결과(이 경우, 좋아하는 아이로부터 미움을 받게 되는)를 얻게 되죠. 인간이란 정말 미스터리합니다.

중요한 일을 앞둔 전날, '충분히 자고, 내일을 준비해야지.' 하는 생각에 일찌감치 잠자리에 듭니다. 하지만 좀처럼 잠들지 못하고 새벽까지 뒤척이다가 수면 부족으로 컨디션은 망가지고, 결국 당일에는 쉬어 버립니다. 이거, 저도 몇 번이나 경험했습니다.

여기서 추천하고 싶은 방법은 **'내일의 컨디션은 내일의 나에게 물어봐.' 하는 태도로 아무것도 생각하지 않고 지내는 것**입니다. 즉, 내일 중요한 일이 있다고 해서 특별한 행동을 할 필요는 없다는 말입니다.

노력해도 컨디션이 좋아지지 않는다면 더 이상 아무것도 하지 않아도 괜찮습니다. 아무리 튼튼한 사람이라도 컨디션이 무너지는 경우는 있으니까요.

특히 코로나19 팬데믹 이후, 컨디션은 컨트롤할 수 없다는 게 상식이 된 듯합니다. 아무리 신경 쓰고 조심해도 감염되는 경우가 있고, 갑작스럽게 밀접 접촉자가 되어 버리는 경우도 있습니다. 코로나는 물론 밉지만, '조금이라도 컨디션이 나쁘면 집에서 쉬어 주세요'라는 풍조로 바뀐 건 좋은 일이라고 생각합니다. '늦잠은 이유를 막론하고 나쁘다', '감기에 걸렸어도 기어서라도'와 같은 이전의 상식 쪽이 이상하지 않나요?

참고로 이러한 (컨디션을 위해) 아무것도 하지 않는 생활을 한 결과, 저는 아르바이트에서 '2년간 펑크 없음'이라는 경이적인 성과를 냈습니다. 이상하게도 의식하지 않는 것이 컨디션을 유지하는 비결이 되었습니다.

그나저나 지금까지 몇 개의 항을 읽고 나서, '일을 그렇게 빼먹어도 괜찮나?' 하고 생각하는 분도 있을지 모르겠네요. 하지만 안심해도 괜찮습니다. 사실 우울증에 걸린 적 없는 사람들은 평소에 이 정도의 감각으로 일하고 있습니다. 그렇기 때문에 부담이 적어서 계속 일할 수 있는 것입니다.

'우울증이라도 계속 일을 하려면 어떻게 하면 좋을까?' 하고 시행착오를 거치면서 '어? 어쩌면, 다들 이 정도의 감각으로 일하는 건가?' 하고 깨달았을 때, 저는 큰 충격을 받았습니다. 제가 봤을 때는 '게으름 피우는 건가?'라고 느낄 정도의 감각으로 다들 평범하게 일하고 있고, 오히려 제가 지나치게 열심히 했던 것이었습니다.

우울증에 걸리는 사람은 일에 대해 지나치게 생각하는 건지도 모릅니다. 물론 일에서 성과를 내려면 생각하는 것을 빼놓을 수는 없습니다. 그러므로 생각하는 것이 나쁘다는 뜻은 아닙니다.

다만 '우울증이라도 계속 일할 수 있다'를 베이스로 하는 경우, 생각하는 것이 소모로 이어지는 것도 사실입니다. 생활을 위해 일하는 데 있어서는 생각하는 것을 내려놓고, 자신을 소모하지 않는 것을 우선시합시다.

컨디션에 책임지지 않아도 된다. '게으름 피우고 있나?'라는 생각이 들 정도의 감각으로.

49

우울증에 걸린 사람이 하면
안 되는 일

자신의 '노동량'을 파악해서
스트레스가 적은 직장을 찾는다

'재발하지 않는다.', '체력으로 승부하지 않는다.'는 룰을 바탕으로, 개인적으로 일하며 돈을 벌 수 있게 된 것이 2020년입니다. 지금 저의 주된 일은 행사 스태프 아르바이트입니다. "있어 주기만 해도 좋아"라는 말을 듣는 걸 보면 적성에 맞는 것 같습니다. 물론 스트레스가 전혀 없다고는 할 수 없지만, 다양한 아르바이트 경험에서 비교해 보면 에너지 소모의 면에서는 극단적으로 좋습니다. 이 **'스트레스의 유무 = 자신이 소모되는지 아닌지'**는 일을 선택하는 데 있어 매우 중요하다고 생각합니다.

예를 들어 저는 작가로도 일하고 있는데, 우울증에서 회복된 방법을 글로 쓰는 일은 스트레스도 없고 그야말로 숨 쉬듯이 쉽게 할 수 있습니다. 하지만 같은 '쓴다'는 행위라도 화장품 관련 기사를 쓴다면 큰 스트레스가 작용합니다. 왜냐하면 화장품에 대해서 잘 모르고 관심도 전혀 없기 때문입니다.

제 경험상 일을 선택할 때 확실히 해 뒀으면 하는 체크포인트는 다음의 세 가지입니다.

- **환경이 자신에게 맞는가**
- **내용이 자신에게 맞는가**
- **묶여 있는 시간이 너무 길지 않은가**

이 부분이 자신에게 맞지 않으면 아무리 재미있어 보이는 일이거나 시급이 높다는 매력이 있어도 일하는 데 엄청난 스트레스가 작용할 것이기 때문입니다.

자신의 과거 경험을 바탕으로 전략을 짜는 것도 효과적입니다. **'전에 했던 일은 그것 때문에 우울증에 걸리게 되었으니까, 이것만은 피하자.'**고 생각하는 것입니다.

제 경우는 사람들을 지나치게 신경 쓴 것이 원인이었기 때문에 어쨌든 신경 쓰지 않고 지낼 수 있는지 어떤지를 중요하게 봅니다(그 점에서 지금 아르바이트하는 곳은 최고입니다). 이는 사람에 따라 다 다르기 때문에 자신의 과거를 되돌아보는 것에서부터 시작합시다.

다음은 자신이 무엇에, 어느 정도 지치는지 피로량의 파악입니다. 일의 내용뿐만 아니라 성실한 사람과 적당히 하는 사람 중 어느 쪽과 함께 일하는 게 편한지, 인간관계는 밀도 있는 쪽이 좋은지 담백한 쪽이 좋은지, 깔끔한 사무실이 좋은지 잡다한 사무실이 좋은지, 자신이 어떤 부분에 피곤해지고 어떤 거라면 피로를 느끼지 않고 계속할 수 있는지를 분석해 봅시다.

참고로 제가 더 이상 일하지 않겠다고 굳게 맹세한 직장이 '원하는 바를 들어 주지 않는 직장'입니다. 면접에서 주 2일밖에 일할 수 없다고 분명히 말했는데도 뽑더니 "사람이 부족하니 주 2~4일로 합시다"라는 말을 듣게 되는 건, 제가 길게 일했던 파친코 업계에만 한정되지 않고 자주 있는 일입니다.

어느 곳이든 인력이 부족하기 때문에 어쩔 수 없다고 할지도 모르지만, 원하는 바가 무시되고 노동력을 착취당하는 것은 일방적인 폭력과 다를 바 없다고 생각합니다.

면접에서는 원하는 부분을 명확히 전달하고, 불가능한 것은 불가능하다고 확실히 거절합니다. **입사 후에 원하는 바를 무시당했다면 그 시점에 바로 그만둡니다.** 이것만은 절대적인 기준으로 마음속에 품고 있습니다.

일을 선택할 때 중요한 점은 자신의 마음에 덮개를 씌우지 않기. '시급이 높으니까'라든지, '부모님이 권하니까'와 같은 이유로 결정한다 한들 좋을 건 하나도 없습니다. '채용해 주니까'라는 이유도 NG. 안테나를 세우고 있으면 순수하게 '여기서 일하고 싶다', '여기라면 열심히 할 수 있겠다'는 생각이 드는 직장을 언젠가 꼭 만날 수 있습니다.

 과거의 경험을 바탕으로, 도망쳐야 하는 직장을 알아차리자.

50

정보를 얻지 않으려고
노력한다

감정을 어지럽히는 정보와는 거리를 둔다

저는 텔레비전을 보지 않습니다.

무심코 뉴스 화면이 눈에 들어올 일이 없으니, 세상에서 일어나고 있는 일을 모르는 경우가 많습니다. 세상 사람들을 얼어붙게 할 만한 큰 사건이 있었더라도 며칠이 지나서야 알게 되곤 합니다. 제가 대화 중에 '?' 하는 표정을 하고 있다면, 죄송합니다. 유튜브도 좋아하는 채널밖에 보지 않습니다. 옛날부터 음악을 듣는 습관도 없어서 유행하는 노래 같은 것도 잘 모릅니다.

아무것도 보지 않는다, 아무것도 듣지 않는다, 그리고 아무것도 모른다. 하지만 이걸로 뭐가 곤란해지는 일은 없습니다. 대화를 따라가지 못하더라도 그냥 "몰라." 하고 말해 버리면 오히려 '아무것도 모르는 캐릭터'로서 귀중한 존재로 취급받기도 합니다.

그보다도 **흘러 들어온 정보에 감정이 좌우되는 것이 더 위험**합니다. 인터넷상의 정보는 자신이 원하는 정보만 들어오도록 어느 정도 제한할 수 있습니다. 하지만 텔레비전은 다릅니다. 뉴스에서는 불안을 부채질하는 이슈가 늘 흘러나옵니다. 버라이어티 프로그램을 재미있게 보던 도중에 불길한 사운드와 함께 화면 위에 뉴스 속보가 뜨는 일도 있습니다. 잠시도 방심할 수 없습니다.

　코로나19 이후, 몸과 마음의 컨디션이 무너진 사람이 늘었다고 합니다. 이는 외출 자제나 재택근무 방침이 시행되면서, 집안에 갇혀 불안을 부채질하는 듯한 텔레비전 방송만 계속 보고 있는 사람이 늘어난 것도 하나의 이유이지 않을까 생각합니다.

　자신을 불안하게 만들 만한 요소가 있는 정보로부터 거리를 두어야 합니다. 그래서 저희 집에는 텔레비전이 없습니다.

　그런 제가 집에서 주로 하는 건 게임입니다. 스마트폰으로도 하고, 닌텐도 스위치로도 합니다. RPG(7개의 대죄라는 게임에 빠져 있습니다)에 열중할 때도 있고, 피곤해서 아무것도 하지 않는 날은 그저 테트리스를 합니다. 그럴 때 BGM으로 깔리는 음악은 포켓몬스터 게임 실황입니다(실은 초등학생 때 아이치현 대회에서 우승한 적이 있을 정도로 순수하게 포켓몬스터과 함께 자란 사람입니다).

살아가는 데 필요한 정보는 사실 생각만큼 많지 않습니다. 다들 원래 자신과는 상관없을 게 분명한 정보를 열심히 긁어모아, 멋대로 충격을 받거나 화를 내거나 하고 있는 것뿐입니다.

그보다는 자신이 좋아하는 것으로 시간과 공간을 채우는 편이 어떻게 생각해도 즐거운 인생이지 않을까요? 제 경우는 게임이지만, 애니메이션이나 독서가 될 수도 있고, 창작 활동, 스포츠 등 관심사나 취향에 따라 뭐든 좋겠죠.

텔레비전을 보는 시간이 물리적으로 없어지면, 불길한 뉴스로 마음이 어지러워질 일도 없습니다. 혹시라도 보고 싶지 않은 정보에 닿게 되더라도, 평상시에 마음이 꽉 차 있으면 감정이 흔들리는 폭도 작기 마련입니다.

감정의 기복으로 고민하는 사람이라면 먼저 텔레비전을 끕시다. 하나 더 보태면, 인터넷 역시 안 봐도 됩니다. SNS 같은 건 당치도 않습니다. 사람들의 동향을 보고 이런저런 생각을 한다 한들, 쓸데없는 감정 소모밖에 되지 않습니다.

다양한 디바이스에 둘러싸인 지금은 원치 않아도 멋대로 정보가 들어오는 시대입니다. 그래서 더욱더 의식적으로 스위치를 끌 필요가 있습니다.

 아무것도 몰라도 괜찮으니까, 좋아하는 일, 잘하는 일에 시간을 쓰자.

마치며

 왜 시간이 아슬아슬해질 때까지 안 하고 있었던 걸까. 야야, 벌써 새벽 3시야. 6시간 후에는 '저자 후기' 원고를 제출해야 한다고. 왜 질질 끈 걸까. 큰일 났다, 큰일 났어.

 뭐, 여기까지 잘난 척하며 글을 썼지만, 어차피 나는 이런 사람. 여름방학 숙제도 개학 3일 전부터 마음이 급해져서 밤을 새우기도 했다가, 갑자기 태도를 바꿔 안 하기도 했다가. 스케줄을 정해서 꾸준히 할까? 그러지 못하는 자신을 엄청나게 미워했었지.

 하지만 말이야, 한심한 부분까지 다 포함해서 '데라상'이야. 못하는 게 있어도 어쩔 수 없어. 중요한 건 그 사실을 받아들이고 즐겁게 살 방법을 생각하는 것.

아이코, 제 혼잣말입니다. 신경 쓰지 마세요.

그저 서른 살. 우울증이 발병하고 9년째, 많은 일이 있었습니다. 이 세상에 절망했고, 하지만 죽을 용기조차 내지 못했습니다. 소거법으로 살아가는 선택밖에는 할 수 없었습니다. 그런 저는 조금이라도 즐겁게 살기 위한 방법을 궁리하며 지내 왔습니다.

다시 한 번 말하고 싶습니다. 저는 '평범한 일반인'입니다. 지금 이 책을 읽고 있는 당신과 큰 차이는 없다고 생각합니다. 차이가 있다면 '즐겁게 살기 위해 낭비한 사고의 시간'이 다르다는 정도입니다. 저는 이 책을 낸 후에도 죽을 때까지 '우울증이라도 즐겁게 살기 위해 필요한 것'을 끊임없이 계속 생각해 나가려고 합니다.

현시점에서 제가 가진 노하우는 전부 책에 담았습니다. 힘들고 괴로워하는 당신에게서 조금이나마 마음이 가벼워졌다는 말을 듣는다면, 언제 죽어도 좋을 만큼 기쁜 일일 겁니다(트위터 DM으로 감상을 보내 주시면 힘이 될 것 같습니다. 이 책을 집필하던 중에 무사히 계정 정지가 풀렸습니다).

원래 후기에는 감사의 말을 열거하는 게 좋지 않을까 생각했지만, 누구에게 어떤 말을 쓸지 생각하다 보면 제 에너지가 소모될 것 같으니 그만두겠습니다. 그게 제 삶의 방식이고, '우울증'에 걸리지 않기 위한 방법입니다.

아무튼 여러분, 마지막까지 읽어 주셔서 감사합니다.

데라상

무기력한 사람을 위한 저속생활법

초판 1쇄 인쇄 2025년 4월 8일
초판 1쇄 발행 2025년 4월 15일

지은이 데라상
옮긴이 원선미
펴낸이 오세인 | **펴낸곳** 세종서적(주)

주간 정소연 | **기획** 이다희 | **편집** 최정미
표지 디자인 디자인그램마 | **본문 디자인** 김미령
마케팅 조소영 | **경영지원** 홍성우
인쇄 천광 | **종이** 화인페이퍼

출판등록	1992년 3월 4일 제4-172호
주소	서울시 광진구 천호대로132길 15, 세종 SMS 빌딩 3층
전화	(02)775-7011
팩스	(02)776-4013
홈페이지	www.sejongbooks.co.kr
네이버 포스트	post.naver.com/sejongbooks
페이스북	www.facebook.com/sejongbooks
원고모집	sejong.edit@gmail.com

ISBN 978-89-8407-870-3 03180

- 잘못 만들어진 책은 바꾸어드립니다.
- 값은 뒤표지에 있습니다.